# México: nueva arquitectura

Lieber Robert,

spät, aber nicht weniger herzlich,
kommt mein letztes mexikanisches
geschenk. Ich trag's nun schon so
lange mit mir herum......
Ich wünsch' Dir ein gutes Architektenjahr!
Auf daß wir uns jetzt wieder regelmäßig
und oft sehen!
  Alles Liebe von
Tausend +
mehr Lachen      Deiner Bille

1995

**Ediciones G. Gili, S. A. de C.V.**

**México, Naucalpan 53050**   Valle de Bravo, 21. Tel. 560 60 11
**08029 Barcelona**   Rosselló, 87-89. Tel. 322 81 61
**Santa Fe de Bogotá**   Calle 58, N.º 19-12. Tel. 217 69 39

# México: nueva arquitectura

**Antonio Toca / Aníbal Figueroa**

**GG**® /México

1.ª edición 1991
2.ª edición 1991
3.ª edición 1993
4.ª edición 1994

© Editorial Gustavo Gili, S.A., Barcelona, 1991
y para la presente edición
Ediciones G. Gili, S.A. de C.V., México, 1991

*Printed in Spain*
ISBN: 968-887-163-X

La edición consta de 1.200 ejemplares más restantes para reposición.

# Indice

# Nota preliminar

La arquitectura moderna en México tiene bien merecida fama por su calidad, que ha sido reconocida internacionalmente; sin embargo, resulta contradictorio que los libros sobre su análisis y difusión hayan sido tan escasos. Si se consultan publicaciones, del país o extranjeras, se podrá comprobar que hace ya más de vienticinco años que no se produce un libro que intente dar cuenta de su desarrollo reciente.*

Por tanto, el propósito básico de la selección de obras que se presentan aquí es el de ofrecer un panorama de la arquitectura producida en México durante la última década, para contribuir a que se le conozca mejor. Es evidente que a pesar del esfuerzo realizado no es posible asegurar que estén representadas todas las tendencias o alternativas que se encuentran vigentes hoy en México, ni tampoco que sus autores sean los únicos cuyos trabajos tengan relevancia, pues no se ha intentado hacer un catálogo de obras. En cualquier selección es inevitable que se cometan omisiones y se tengan que dejar fuera —por falta de espacio— algunos ejemplos de importancia.

Se ha intentado presentar una muestra en la que estén incluidas obras relevantes, construidas durante la pasada década, en diversas regiones del país y en Ciudad de México. Somos conscientes de que sería necesario por lo menos otro volumen similar a éste para poder presentar de manera más justa tanto a otros arquitectos importantes como a otras obras, los que ayudarían a formar así un panorama más completo de la reciente actividad arquitectónica en México y que en esta publicación no aparecen.

De los arquitectos seleccionados, Ricardo Legorreta, Teodoro González de León, Fernando González Gortázar, Mario Schjetnan, Francisco Serrano y Carlos Mijares han recibido distintos premios internacionales; además, Enrique Murillo ganó el primer premio de la Bienal de Arquitectura de México, después de que accediera a participar en este libro.

Antonio Toca Fernández
Aníbal Figueroa Castrejón

* Consultar la Bibliografía de referencia que se incluye al final.

# Introducción

Carlos Obregón Santacilia, Secretaría de Salubridad y Asistencia, México D.F., 1926

Juan O'Gorman, casa-estudio de Diego Rivera, México D.F., 1929

## Propósito

El objetivo fundamental de esta compilación es ofrecer una visión general sobre el panorama de la arquitectura producida recientemente en México, con el fin de que ayude a identificar algunas posibilidades valiosas para mejorarla. Por lo tanto, no se ha intentado cubrir «modas» o dar cuenta de las últimas ocurrencias de la profesión; por el contrario, se ha tratado de mostrar un número significativo de obras realizadas con oficio y creatividad que tienen importancia como muestras coherentes de un trabajo que trata de situarse por encima de los vaivenes de las imposiciones culturales. Esto no es un intento de soslayar ni de ocultar que la práctica de la arquitectura en México es sólo un aspecto mínimo dentro de la extensa actividad constructiva que incluye, como las edificaciones precarias realizadas por medio de la autoconstrucción, y que pasa por el desconcierto, la torpeza o el humor involuntario que ayudan a construir toda clase de mediocres pintoresquismos con los que lucran los capitales inmobiliarios.

Es evidente que en este conjunto de obras hay diversos criterios y niveles de calidad; aunque se puede constatar que, en general, se han seleccionado muestras que son significativas dentro de la situación actual de la arquitectura mexicana y que ayudan a entender mejor su dinámica y potencialidad.

Al lado de algunos arquitectos de reconocido prestigio se ha optado por incluir también el trabajo de arquitectos jóvenes, no porque ésta sea su única cualidad, sino porque sus obras representan aportes importantes, si bien aún no han alcanzado un adecuado reconocimiento por otros medios. Por justicia se ha intentado cubrir algunos estados de la República, para evitar la reiterada confusión de creer que sólo se hace arquitectura de calidad en la Ciudad de México.

## Antecedentes

La arquitectura moderna en México, iniciada durante la década de los años veinte, ha tenido un desarrollo sumamente interesante. Surgió como una modesta respuesta a la necesidad de que el recién creado Estado posrevolucionario contara una nueva cultura material, y pasó del neocolonial, con obras de jóvenes arquitectos —como Carlos Obregón Santacilia, Juan Segura, Francisco Serrano y las primeras obras en Guadalajara de Luis Barragán, Ignacio Díaz Morales y Rafael

Urzúa, etc.—, a una vanguardia racionalista que, a principio de la
década de los años treinta, produjo un pequeño número de obras que
revolucionaron la práctica y la enseñanza de la arquitectura, así como
la forma de las edificaciones. En esta primera etapa destacaron los
arquitectos Barragán, Enrique del Moral, Juan Legorreta, Juan
O'Gorman, José Villagrán, Enrique Yáñez, etc.

La importancia del racionalismo en México ganó pronto un merecido
reconocimiento internacional y, en 1937, se publicó en Nueva York el
libro de Esther Born, que consignaba la importancia y la calidad de la
arquitectura moderna en México. Pronto, tanto la arquitectura del
racionalismo radical como algunos de sus creadores se vieron
eclipsados por los modelos de un funcionalismo pretendidamente
universal que fue imitado, primero con cierta reserva y calidad y
después con muy poco talento. El funcionalismo «internacional» fue
aceptado como evidencia de la modernización del país y,
paulatinamente, se promovió la monumentalidad en grandes y
costosas obras como prueba tangible del progreso logrado en los
diferentes intentos por abatir el grave subdesarrollo del país.
Posiblemente la realización que expresó de manera más clara este
propósito fue la construcción de la Ciudad Universitaria en Ciudad de
México (1952), que marcó la aceptación del estilo funcionalista como
sinónimo del avance del nuevo Estado mexicano.

No obstante, dentro de la corriente funcionalista se realizaron obras de
gran calidad, entre las que destacó el trabajo de Augusto H. Álvarez,
Francisco Artigas, Pedro Ramírez Vázquez, Juan Sordo Madaleno,
Ramón Torres, etc. A esta producción se sumó la obra singular de
Félix Candela, quien, colaborando con algunos arquitectos, logró
construir una serie de estructuras en concreto (hormigón armado) que
fueron reconocidas mundialmente por su originalidad.

Las primeras críticas al manierismo funcionalista y a la copia que se
hacía en México de sus modelos surgieron, al principio de los años
cincuenta, con textos y conferencias de Villagrán y O'Gorman; pero
sus valiosas observaciones no lograron modificar la práctica de la
arquitectura, debido a la poca importancia que se le ha dado a la
crítica en México y a la crónica incapacidad del gremio para aceptarla.
La mayoría de la producción arquitectónica se reducía a la utilización
—con mayor o menor talento— de los modelos extranjeros, y esto
produjo una caída progresiva en la calidad de la mayoría de las obras
de la arquitectura moderna en México. El valor testimonial y la
importancia de esas tempranas críticas al funcionalismo se entiende
mejor si se considera que fue hasta la década de los años sesenta
cuando éstas se iniciaron en el ámbito internacional.

Lo que no pudo lograr la crítica se comenzó a concretar por medio de la práctica, ya que, significativamente, fue en esa época cuando Barragán rompió con el funcionalismo y, en la remodelación de su casa, comenzó su búsqueda personalísima para lograr una arquitectura que, sin concesiones historicistas, tuviera una relación directa con la cultura y la tradición constructiva de México; esa misma tarea fue emprendida también por el arquitecto Del Moral, quien, con la construcción de su casa, logró una obra que desafortunadamente no ha sido tan conocida y apreciada como la de Barragán, pero que no es menos importante para la evolución de la arquitectura moderna en México.[1] La obra de Barragán, la que ha sido reconocida y apreciada dentro y fuera del país, se inició como protesta contra el funcionalismo «internacional», como tendencia dominante en la arquitectura mexicana de esa época. Desde los años cincuenta su escasa producción se mantuvo al margen del reconocimiento público, y fue sólo hasta el final de la década de los años setenta que recibió —en un alud— reconocimientos que señalaron la importancia y valor de su aporte.

El acelerado desarrollo del país hizo que se modernizaran las instituciones y se crearan nuevos organismos y, tanto la arquitectura del Estado como la del capital privado, reprodujeron —a una escala disminuida— los modelos del formalismo funcionalista que había logrado ya establecerse como la tendencia internacional dominante. A pesar de que se realizaron algunos edificios de calidad, la mayoría mostró una evidente autocomplacencia, en la que no hubo sino mínimas muestras de creatividad; en esto México no fue un caso aislado ya que en el campo internacional, durante las décadas de los sesenta y setenta, se hizo evidente el completo agotamiento de esos modelos.

Después, México fue contaminado gradualmente por el espejismo de la riqueza y, dentro de ese «milagro», se promocionó una arquitectura prepotente y derrochadora. La monumentalidad viciosa y la desproporción fueron algunas de las características de los edificios y conjuntos del período del espejismo petrolero; algunos casos límite, promovidos por el Estado, fueron el Colegio Militar, la Torre de Pemex y los edificios del Congreso, y también los realizados por la iniciativa privada, como la Torre Palmas, el Centro Bancomer y numerosos centros comerciales, como el de Perisur. Todos, influenciados por el modelo de desarrollo norteamericano, que ciertamente no ha sido ni es igual al de México, pero que se ha asumido —por enormes capas de las clases altas y medias— como el ideal al cual tender.

A partir de los años ochenta el desastre financiero del país, unido a la traumática experiencia del terremoto en Ciudad de México, han servido para cuestionar —a fondo— tanto el sentido y dirección del progreso de México, como el de su cultura. Actualmente la actividad arquitectónica se encuentra confrontada con numerosos problemas; el clima de desconcierto financiero ha reducido las inversiones en la industria de la construcción, agudizando aún más el desempleo, y la práctica de la profesión ha sido reducida a niveles que la han deteriorado sensiblemente, provocando un creciente desconcierto en numerosos arquitectos. Curiosamente, esta misma situación ha servido para estimular a otros para que intenten un trabajo de mayor calidad, con obras que, siendo modernas y funcionales, estén relacionadas con los materiales, recursos y tradiciones de México.

A pesar de que han surgido las inevitables referencias al Posmodernismo, éstas se han quedado en el terreno de las intenciones, pues la crisis ha limitado su diseminación por el derroche que va asociado a las edificaciones historicistas. La mediocridad ha sido la tónica de tales recreaciones, y los escasos edificios que se han construido son pequeños, ya que esta tendencia se ha manifestado más en remodelaciones o decoraciones, poniendo así en claro su crónica dependencia de la escenografía. El mayor reto para el desarrollo de una nueva arquitectura en México consiste en poder lograr obras en las que, reconociéndose las ventajas indiscutibles de la modernidad, se sepa también aprovechar la sabiduría y sentido común de la tradición, evitando las tendencias a una regresión historicista o la nostalgia de los pintoresquismos.

## Nueva arquitectura en México

La búsqueda de una arquitectura que pueda ser considerada como mexicana ha generado, desde hace tiempo, diversas tendencias o actitudes.[2] De hecho, resulta muy cuestionable el intento de hacer arquitectura, o escultura, o pintura mexicanas; tratar, desde el inicio de una obra, de hacerla mexicana o japonesa o turca, es imponer un condicionamiento que, la mayoría de las veces, termina en escenografías o en folklorismos. Una obra sólo podrá ser considerada apropiada para un país, o una región, en tanto sea identificada —por medio de un amplio consenso social— como una parte valiosa de su cultura específica. De manera que lograr que la obra de un artista, como en el caso de Diego Rivera o de Barragán, sea considerada mexicana es más bien el resultado final de un trabajo de calidad excepcional y no el de una buena intención inicial. Con magníficas intenciones y propósitos no se logrará una creación que resulte

Félix Candela, Iglesia de la Medalla
Milagrosa, México D.F., 1953

importante para una determinada cultura; es necesario, además, un talento y una sensibilidad que permitan al artista crear obras que sean auténticas expresiones de su tiempo y de su medio natural, social y político.

La mayoría de las obras aquí presentadas tienen como común denominador un vigor y dinamismo en el que es evidente un buen oficio, así como la búsqueda de una arquitectura con expresión e identidad, que responda al medio, recursos, materiales y cultura propios. Por encima de la tentación de caer en referencias ajenas es notorio, en varios arquitectos, que sus trabajos denoten una cierta autonomía con respecto a modas o tendencias que en otros países están en pleno vigor, por ejemplo, el Posmodernismo. Aunque son reconocibles las citas a las obras de arquitectos como Pei, Roche, Rossi, Kahn, etc., no es evidente la copia directa, como ha sido el caso del Taller de Barragán, mediocre evidencia de la comercialización de su obra.[3]

En una parte de los trabajos incluidos se hace palpable la calidad de una arquitectura adaptada a las diversas regiones y características del país que no ha logrado —por diversas circunstancias— ser conocida, a pesar de su originalidad. La modernidad se entiende en estas obras no como un código de elementos arquitectónicos que tienen una supuesta validez universal, sino como la respuesta apropiada a las características y posibilidades de un lugar y una cultura específicos.

## La persistencia de la memoria: caminos diversos

La necesidad de someter a una revisión profunda los principios y los fracasos del Movimiento Moderno, específicamente los excesos de la arquitectura «internacional», ha producido múltiples reacciones, y una de las más útiles ha sido la de redescubrir la importancia y vigencia de la historia, específicamente, la evolución de la cultura material. Dentro de este proceso, la historia ha sido abordada con dos actitudes. La primera busca recuperarla por medio de la forma, aún cuando se sabe que ésta no responde ya al tiempo, lugar y gente para la que fue creada; es, por tanto, un movimiento de regresión. La segunda intenta incorporarla, como experiencia, para mejorar así su actuación, convirtiéndose así en una esperanza para la práctica.[4] En casi toda la actividad arquitectónica actual está presente —por lo menos inconscientemente— esta disyuntiva y los trabajos que se muestran

son un ejemplo de las diversas actitudes que se han tomado al
respecto: representan la importancia y la persistencia de la memoria.

Las obras fueron realizadas en México durante la pasada década, de
manera que intentar hacer una evaluación sobre ellas resulta
particularmente difícil; primero, porque no ha transcurrido aún el
tiempo suficiente para poder situarlas en una perspectiva histórica
adecuada, que ayude a evaluarlas de manera más objetiva; y
segundo, porque el número de trabajos que aquí se presentan hace
muy difícil el poder detectar en ellos, con suficiente objetividad,
tendencias o criterios definidos.

La manía por catalogar y clasificar, que tenía la cultura de la
Ilustración, fue utilizada también por el Movimiento Moderno para
justificar su reverencia a la razón. El fracaso de ese movimiento, y el
de la utopía del maquinismo, ha mostrado las limitaciones de los
códigos y las recetas. Sin embargo, las clasificaciones implican un
intento de acercarse a una definición que permite una mayor claridad
para poder comprender mejor, aunque conllevan también la limitante
de su esquematismo. Cualquier clasificación es sólo un acercamiento
y no debe ser vista como una definición final, sino como una hipótesis
de trabajo. Las obras de varios arquitectos que aquí se presentan no
pueden ser clasificadas unívocamente, ya que es evidente que sus
características pueden ser abarcadas en más de una de las
tendencias que se proponen, por tanto, se ha evitado el uso de
términos estilísticos.

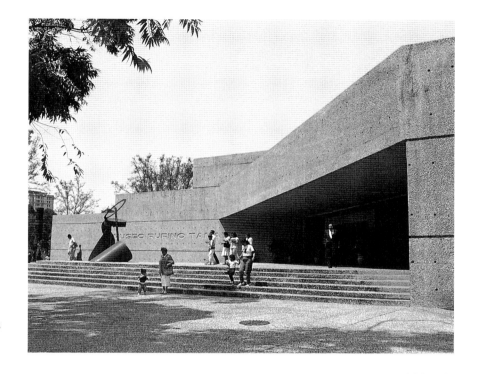

**Prehispánico**

Reconocer la importancia y la fuerza de la arquitectura prehispánica
ha sido en México una preocupación recurrente, que ha permitido que
varios arquitectos trabajen en una búsqueda formal en la que se hace
evidente una voluntad por recuperar o reinterpretar ese valioso legado.
Aunque se ha criticado que, a menudo, este objetivo ha servido para
justificar un formalismo que antepone el logro de determinado efecto
plástico por encima de la funcionalidad o la economía del edificio.

Agustín Hernández ha sido el exponente más importante de esta
tendencia, que ha combinado también con la influencia del
organicismo de Wright y con un gusto por las cualidades visuales y
táctiles de los materiales.[5] Sus obras se han distinguido por su
atención al detalle y por la insistencia en hacer resaltar las

Antonio Attolini Lack, edificio de oficinas
Lumen, México D.F., 1985

Ricardo Legorreta, Seguros América-
Banamex, México D.F., 1979

características expresivas de la arquitectura, acercándolas a la
escultura. Desde los estudios y propuestas de Amabilis y de Arai, no
se ha realizado un intento tan serio como el de Hernández para
relacionarse con el legado arquitectónico prehispánico sin acudir a
concesiones escenográficas.[6] La evolución de su trabajo ha sido
sostenida y en su producción más reciente ha incorporado una
tecnología constructiva sofisticada, que recuerda a la de los
metabolistas japoneses.

## La vuelta al origen

Sin duda, la influencia más evidente, y la más importante, en muchos
de los arquitectos cuyos trabajos se presentan, ha sido la obra de
Barragán. Su trabajo representa, tanto una temprana reacción contra
los aspectos más negativos de la arquitectura funcionalista como la
cristalización de una larga y tenaz búsqueda para encontrar los
elementos esenciales, los orígenes de la arquitectura. En una primera
etapa, ante el deslumbramiento con su obra y el obvio interés por
aprovecharse comercialmente de ella, surgieron gran cantidad de
edificios en los que muchos arquitectos lo copiaron formalmente. Sin
embargo, algunos lograron trascender la fácil manipulación de los
elementos de la arquitectura de Barragán y han realizado una
exploración sobre sus conceptos, logrando ya obras de gran calidad
que mantienen una respetuosa distancia con respecto a la obra del
maestro, aportando soluciones nuevas en los programas, escala,
sistemas constructivos y composición espacial, que les ha permitido
conformar una arquitectura de gran valor plástico y fuerza expresiva,
como ha sido el caso de Ricardo Legorreta, el mejor y más talentoso
de sus seguidores. Curiosamente, la influencia de Barragán —y del
propio Legorreta— está presente de varias formas en las obras
recientes de Attolini, las casas habitación de Caballero, las de De la
Mora-Mattar y las de Gutiérrez-Cárdenas.

La importante influencia del trabajo de Barragán, en las obras de estos
y otros arquitectos, señala un campo de trabajo que la crítica en
México no ha atendido con el debido cuidado; esta tarea —que se ha
realizado de manera incompleta— ha sido ya hecha en la práctica por
numerosos arquitectos; de hecho hasta los que se han conformado
con copiarlo, por comodidad o por falta de talento, necesariamente
han tenido que hacer una interpretación sobre su obra y, aún eso, ha
sido mejor que copiar modelos que no tienen relación con nuestra
cultura.

Francisco Serrano, Universidad
Iberoamericana, México D.F., 1984-1987

Sánchez Arquitectos, conjunto
habitacional Fuentes Brotantes, México
D.F., 1985

## Hacia una modernidad apropiada

A pesar de que se admiten los errores de la arquitectura funcionalista,
en la práctica es evidente también la presencia de obras en las cuales
se manifiesta un concepto de modernidad muy diverso, más flexible y
abierto, en lugar de un código de recetas. No se aprecia, excepto en
algunos casos, la tendencia al manejo de una escala monumental
artificial, que caracterizó a gran parte de la arquitectura mexicana del
período del auge petrolero en la década de los años setenta. Se nota,
en cambio, un manejo mucho más coherente y refinado de las
referencias, escala y materiales.

Estas obras continúan los aspectos más positivos del Movimiento
Moderno, en especial las aportaciones de Le Corbusier,
actualizándolas con la influencia de otros arquitectos, incorporando
con mucho acierto materiales, técnicas y procedimientos constructivos
ligados a la tradición del país, constituyendo así una modernidad
apropiada.[7]

En algunos de los trabajos que se publican aquí se puede notar que
se ha realizado una síntesis con la tradición de la arquitectura
moderna y con los elementos formales de arquitectos de gran calidad,
que han sido integrados con una adecuada sensibilidad: de Aldo
Rossi, en el Hotel Camino Real de Ixtapa, de Ricardo Legorreta; de
Pei y Roche, en los edificios de Bulnes y los de González de León; de
Mario Botta, en la Universidad Iberoamericana de Serrano, y de
autores hasta hace poco tiempo marginales, como Carlo Scarpa, en la
casa-habitación de Salvador de Alba y en las oficinas de Sánchez
Arquitectos.

Paralelamente se muestran obras realizadas con tecnología artesanal,
con un manejo muy libre de plantas, secciones y fachadas. Además,
se incorpora la participación y el oficio de los albañiles, buscando su
aportación para manifestar las cualidades táctiles de los materiales y
las superficies, revalorando la sencillez en los detalles y buscando
llegar a la esencia de las formas, como en las obras de Benlliure y de
Murillo.

La libertad para experimentar está presente también en los proyectos
de Cárdenas-Gutiérrez, de Icaza, de Rodríguez-Mizutani, de
Schjetnan, en el grupo de Sánchez Arquitectos y en Rivadeneyra, en
el que es interesante la elegancia de sus soluciones constructivas.
Casos ejemplares son los de Salvador de Alba, González Gortázar y
Zohn, que ejemplifican la calidad e importancia de la arquitectura
moderna realizada en Guadalajara, quienes, junto a las obras de
arquitectos como Caballero, Bulnes, Murillo y Ruiz Acosta, muestran la

Gutiérrez Cortina Arquitectos, fuente
monumental de Pulgas Pandas,
Aguascalientes (Aguascalientes),
1984-1988

Teodoro González de León, Biblioteca
Pública Estatal, Villahermosa (Tabasco),
1985

distancia crítica y la calidad del trabajo que algunos arquitectos del
interior del país han sabido mantener con respecto al monopolio de la
profesión que se ha dado desde Ciudad de México, y que no han
contado con la difusión y el reconocimiento que se merecen.

## Después de la modernidad

Pasada la primera oleada de la crítica posmoderna, y apartándose de
sus aspectos más banales, hay obras en las cuales es evidente un
claro intento de hacer referencias históricas explícitas a ejemplos
valiosos de la arquitectura mexicana, buscando trascender el
ornamentalismo, como en el caso de la Unidad de Servicios Turísticos
en Uxmal y el anexo del edificio central del Banco Nacional de México,
de Teodoro González de León, que sin duda creará múltiples
controversias. Aunque hay que reconocer que, apartándose del éxito
de edificios tan importantes como el Colegio de México, González de
León ha realizado ya algunas obras en las que ha mostrado su interés
por reconocer la importancia de la historia y esto, viniendo de un
excolaborador del taller de Le Corbusier, es una hazaña muy meritoria.
Sus proyectos recientes son muestra de esa actitud y encabezan ya
un movimiento al que se han sumado otros arquitectos, no todos con
los conocimientos sobre la historia de la arquitectura a la que
—supuestamente— tratan de reivindicar.

A pesar de las diferencias evidentes, en la mayoría de las obras que
se publican aquí es muy clara una tendencia a manejar muy
conscientemente efectos plásticos; de hecho, se bordean los límites
entre la arquitectura y la escultura, como el edificio del Congreso de
Bulnes, la escalera-escultura en la propia casa de Caballero, el
conjunto «La Ballena Emplumada» de Murillo, las casas de
Hernández, la Unidad de Servicios Turísticos en Uxmal de González
de León, el Museo de Arte Moderno de Schjetnan, la fuente «Pulgas
Pandas» de Cárdenas-Gutiérrez o el edificio de la Universidad
Iberoamericana de Serrano.

Aunque no se haya admitido explícitamente, es claro que la actitud de
los arquitectos aquí representados coincide al dar importancia a la
tradición, sea ésta el pasado cercano —el Movimiento Moderno— o
las diversas etapas de la evolución de la arquitectura y sus formas.

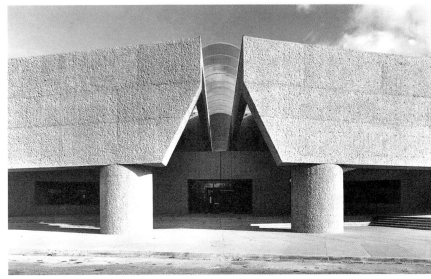

Luis Barragán / Mathias Goeritz, Torres de Satélite, carretera a Querétaro, Estado de México, 1955

## Perspectivas futuras

En México, la producción arquitectónica de la última década se ha realizado en un período que ha resultado esencial para redefinir un proyecto nacional. A pesar de que existe una producción que es el resultado de la confusión y la incertidumbre, y que se conforma con la copia mediocre de las modas mal digeridas, existen también ejemplos en los que se manifiesta un interés por alejarse de las influencias más en boga, y por el serio intento de valorizar y utilizar referencias arquitectónicas propias.

La crisis económica del país ha tenido consecuencias muy graves para la economía y la actividad constructiva. El trabajo del arquitecto se ha deteriorado ante el avance de monopolios que controlan numerosos proyectos y ante un mercado controlado por grandes compañías inmobiliarias o por instituciones públicas, que han reducido su trabajo a la repetición de prototipos de calidad mediocre, lo que ha forzado a que un número creciente de ellos abandone la profesión. Sin embargo, ha sido también un factor positivo que ha obligado —debido a la falta de recursos— a que numerosos artistas, intelectuales y profesionales aprecien las propias posibilidades, en lugar de lamentarse por la situación o imaginar que nuestro destino está en otra parte. Esto ha obligado a que los arquitectos tengan que volver los ojos hacia México, en lugar de hacerlo hacia el exterior, como es habitual.

Existe el intento de definir los elementos más importantes de una nueva arquitectura para México, haciendo propuestas que buscan la adecuación entre modernidad, recursos, medio ambiente y cultura. La obra de Barragán es asimilada ya como patrimonio de la arquitectura mexicana; su muerte reciente obliga a un trabajo colectivo para conocer, entender y utilizar su experiencia única, trascendiendo la copia formal. En algunas de las obras que se presentan, esta tarea ha sido realizada ya a nivel práctico. Sin embargo, para hacer avanzar más a la arquitectura mexicana contemporánea es necesario reflexionar sobre la génesis de sus conceptos fundamentales y no sólo sobre los aspectos formales más evidentes.

## Entre la memoria o la esperanza

En general puede observarse que en la mejor arquitectura que se hace actualmente en México subyace una tensión, derivada de la necesidad de experimentar, de buscar, no tanto las formas, como los

17

conceptos, que permitan lograr una nueva síntesis de los materiales, los sistemas constructivos y los elementos arquitectónicos. Es evidente la presencia de un concepto de modernidad muy diverso, abierto, en lugar de uno cerrado y restrictivo. Desde la desilusión y la gravedad de una crisis general, que ha dado al traste con los sueños del progreso «ininterrumpido», se busca o se actúa directamente con la certeza única de lo tangible, de lo concreto. No se confía en las clasificaciones, se prefiere cierta incertidumbre... se desconfía de la arquitectura como obra completa, integral. Pasadas las primeras manifestaciones del decorativismo historicista, se busca —sin deslumbrarse con utopías— la relación entre la forma, el lugar y el tiempo concretos. La historia es vista no como la evocación de los recuerdos o como la invitación a la regresión, sino como una fuente, como el origen del cual partir. Con esa actitud se rechaza la petrificada elegancia de la memoria y se prefiere la esperanza que, como la vida, es cambiante y dinámica. No se intenta regresar, sino retomar el camino.

## Notas

[1] Sin embargo, Villagrán hizo una temprana crítica a las casas que Barragán realizó junto con Max Cetto, en los Jardines del Pedregal, censurando «su carácter francamente escénico». «Carta a un amigo» (1951) publicada por el Instituto Nacional de Bellas Artes en *Documentos para la historia de la arquitectura en México*, n.º 2, p. 288, México, D.F., 1986.

[2] A. Toca Fernández: *Arquitectura contemporánea en México*, UAM-Gernika, México, 1989.

[3] Como quedó evidenciado en la exposición sobre Luis Barragán, que se realizó en el Museo Tamayo en 1985.

[4] A. Toca Fernández et alt.: *Más allá del posmoderno*, Editorial Gustavo Gili, S.A., Barcelona, 1986.

[5] L. Noelle: *Agustín Hernández*, UNAM, México, 1985.

[6] A. Toca Fernández: «Presencia prehispánica en la arquitectura moderna de México», en *Cuadernos de arquitectura mesoamericana,* n.º 9, UNAM, México, D.F., 1987.

[7] C. Fernández Cox: «¿Regionalismo crítico o modernidad apropiada?», en *Revista Summa*, n.º 248, Buenos Aires, 1988.

# Ejemplos

Firma de arquitectos: Salvador de Alba y Asociados

Arquitectos: Salvador de Alba Martín / Salvador de Alba Martínez

# Colegio de Jalisco
# Plaza de San Sebastián
# de Analco

**Guadalajara, Jalisco    1985-1988**

Al Colegio de Jalisco se le otorgó para su sede un lugar ruinoso en el que existe un patio barroco del siglo XVIII. Este patio, construido en 1770, perteneció a un convento de religiosas recoletas, conocido por Convento de Santa Mónica. Este edificio se demolió a finales del siglo pasado y en 1891, un capellán del Templo de San Sebastián de Analco juntó algunas partes de la demolición e hizo este patio. Está constituido por ocho arcos y otras tantas columnas en piedra labradas exhaustivamente. Los jóvenes que lo construyeron fueron denominados «ángeles» por los feligreses, por el hecho de que nunca cobraron sus emolumentos, por lo que una conseja hizo que desde esa fecha se llamara «El Patio de los Angeles».

El proyecto implicaba: usar el patio, los anexos que eran ruinas y sin validez patrimonial, y hacer una sede con el programa que requería el Colegio de Jalisco.

El criterio de proyecto hizo que lo antiguo se restaurara consolidando cimientos y la parte patrimonial se cubriera con un gran *capello*, formado por un lucernario de igual claro que el patio y que queda con un anillo de 12 bóvedas de 4 m de claro cada una soportadas en 4 trabes de 16 m cada una y que no apoyan en el patio, así como una escalera que va a un túnel a 6 m de profundidad que condicionó el proyecto y que en la parte administrativa abarca desde el sótano hasta el entrepiso. El claustro que lo envuelve sigue la forma característica, haciendo el cambio entre lo antiguo y lo nuevo.

El criterio que se siguió es que en un medio como el nuestro al Patrimonio Cultural se vuelva un elemento activo en la vida social, para salvaguardar y conservar nuestra herencia cultural.

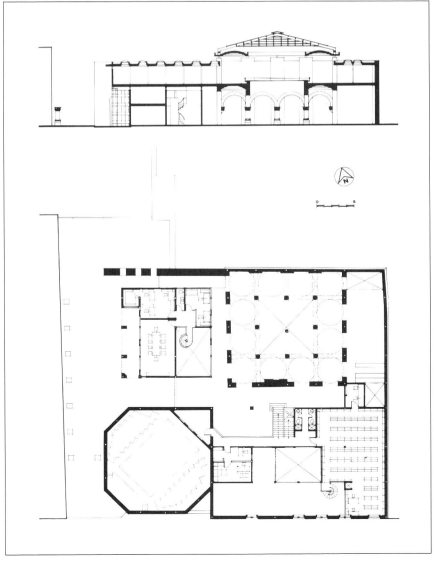

Vista de la sala de lectura y de espera
de las oficinas administrativas

Firma de arquitectos: Salvador de Alba y Asociados

Arquitectos: Salvador de Alba Martín / Salvador de Alba Martínez

# Casa-habitación

## Guadalajara, Jalisco    1987

La construcción se hace en un terreno de 960 m², en cuyo límite norte existe un gran árbol silvestre del tipo ficus llamado camichín con un diámetro de 24 m. El programa general estará supeditado a lo que condiciona dejar el árbol en su lugar de acuerdo a lo señalado por el cliente.

El lote, según las normas del Condominio, no tiene limítrofes con barda, sólo pueden existir setos, por lo que la construcción tendrá un perímetro visible como fachada.

El clima: semicálido y húmedo, con una temperatura de 15 a 24° C como promedio anual, o sea, un clima muy bueno.

El sitio: ubicado con el Condominio Santa Anita a 10 Km al sur de Guadalajara, el terreno que lo rodea es casi plano; el lote sí tiene un desnivel del lado norte al sur de 2,50 m, provocado por el enraizamiento de dicho árbol.

Los materiales usados: ladrillo prensado en fachadas y de cantera amarilla de Guadalajara y aplanados.

Programa: vestíbulo, sanitario, un zaguán que reciba a personas sin auspiciar la vida propia de la casa; comedor, estancia y biblioteca como parte de la estancia; la señora gusta del arte culinario y ciertas necesidades de la cocina son en su amplitud y equipos, usándola ordinariamente como comedor; limpieza próxima a la cocina pero que pueda separarse; servicio con baño y alacena y patio de servicio. En el acceso, planta alta que se vestibule para darle un funcionamiento independiente a los anexos de planta baja. En planta alta tres recámaras, cada una con alacena y baño; la recámara principal con su vestidor, su baño con solarium.

El proyecto es casa-árbol en que éste se vuelve abrigo para los coches, teniendo al centro y perímetro plantas de sombras. Los materiales constructivos se exponen en forma aparente, conforme a la obra de mano que lo construyó.

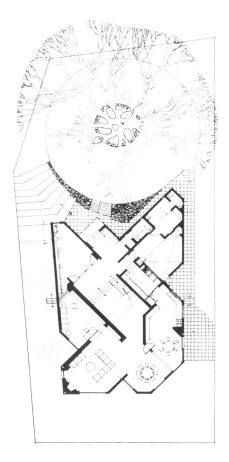

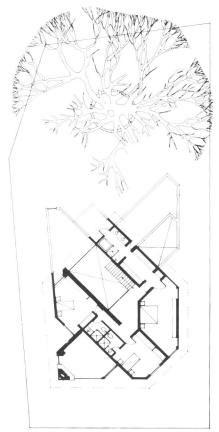

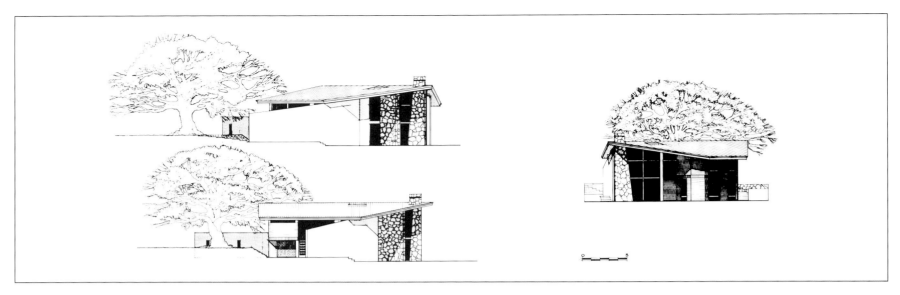

Arquitecto: Antonio Attolini Lack

# Casa-habitación

**México, D.F.   1983**

Se trata de una residencia donde se han combinado materiales muy sencillos, como piedra, barro, aplanados de cal y una estructura de madera tan común en nuestra arquitectura popular, habiendo una integración total con el exterior, aprovechándose así al máximo los jardines. Esta edificación produce una sensación de serenidad y exaltación por los espacios exteriores.

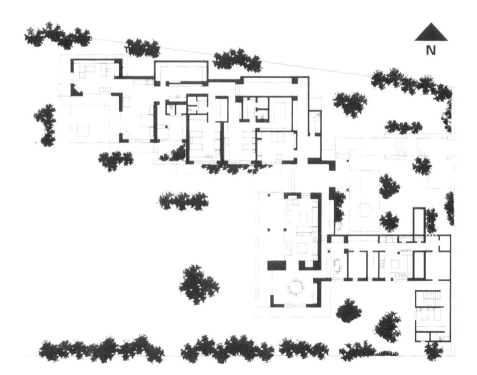

Arquitecto: Antonio Attolini Lack

# Oficinas para Bardahl de México

## Iztapalapa, D.F., México, D.F.   1985

Se trata de unas oficinas para una planta industrial, por lo que se escogieron formas y materiales que requieren el mínimo de conservación, como el tabique y el concreto aparentes. Dentro de esta austeridad los espacios resultaron amables, pues se incluyeron muros de color y espejos de agua.

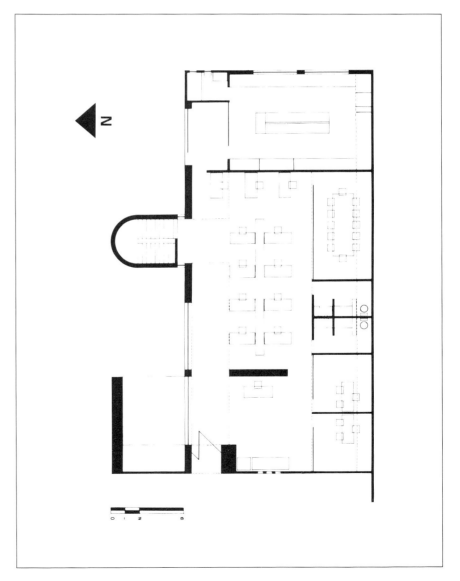

Vistas del volumen de la escalera desde el acceso y del acceso

Vista del interior, de la zona de recepción
y planta alta

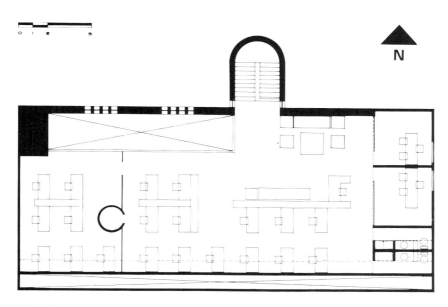

Vista exterior desde la Plaza de la
Solidaridad, planta baja y corte

Arquitecto: José Luis Benlliure Galán

Colaboradores: Juan Urquiaga, arquitecto

# Museo de la Alameda

## México, D.F.    1988

Este proyecto ha sido realizado dentro de la Dirección de Arquitectura y Protección del Patrimonio Artístico, dependiente del Instituto Nacional de Bellas Artes.

El Museo de la Alameda, se concibe como parte de un proyecto de conjunto, para cuya composición se tomaron en cuenta ciertas construcciones significativas que ya están en el sitio. Estas construcciones son la antigua Iglesia de San Diego y lo que queda de su convento, las mismas que ocupa hoy la Pinacoteca del Virreinato. Las instalaciones de nueva planta, a más de contener el museo al principio citado, se dedican a la ampliación de dicha pinacoteca. También se incluyen una sala de usos múltiples (conferencias, audiciones de música de cámara, etc.) con sus correspondientes servicios y desahogos, y un restaurante con cafetería. Entre las obras de recuperación están la del atrio de la iglesia y la del claustro del convento, ahora modificados respecto a su aspecto original.

La primordial función del Museo de la Alameda es la de mostrar al público el mural de Diego Rivera que se titula «Sueño de una tarde de domingo en la Alameda Central». Este mural estaba en el Hotel del Prado, cuyo edificio sufrió grandes daños a causa del sismo de 1985 y finalmente tuvo que ser demolido.

En aras de su incorporación a cierta fisonomía propia del Centro Histórico de la Ciudad de México, se quiere que los nuevos volúmenes del conjunto correspondan a los que alguna vez allí mismo existieron, antes de que el cuerpo en cuestión sufriera incrustaciones discordantes y fuese en gran parte mutilado. En tanto a los tratamientos particulares de las formas de nuevo cuño, no se trata de calcar las anteriores. Aparte de que no siempre se cuentan con los datos precisos para ello, esto resultaría anacrónico y correría el riesgo de resultar caricaturesco. Pero sí se pretende, en el juego de las proporciones, en las secuencias de huecos y llenos, en la elección de los materiales de acabado, que la obra nueva no entre en conflicto con la arquitectura histórica más característica de la zona. Se busca, en fin, la adecuación a cierto orden preestablecido.

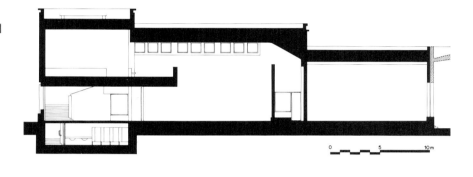

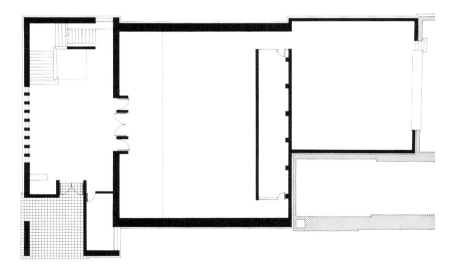

43

Arquitecto: Carlos Caballero Lazzeri

# Casa-habitación

## Fortín de las Flores, Veracruz    1983-1985

Con una pendiente descendente muy suave, el terreno permitió ubicar la cochera y el área social al nivel de la banqueta, y en la parte posterior, los dormitorios y el estudio/taller medio nivel arriba y abajo, respectivamente. La unión entre ambas zonas se logra a través de un pasillo cerrado, con iluminación zenital, que corre paralelo al patio central y remata en la caja de escaleras, desde donde se accede también a las azoteas, entendidas como ampliaciones, en un nivel superior del ya mencionado patio central.

Dada la ausencia de vistas interesantes, la casa se cierra sobre sí misma, predominando en el exterior los muros ciegos. La estancia comedor, en cambio, tiene un gran ventanal con vista al interior, desde donde se perciben los muros de color turquesa que confinan el patio y hacen juego con el volumen amarillo de mayor altura, que contiene las escaleras.

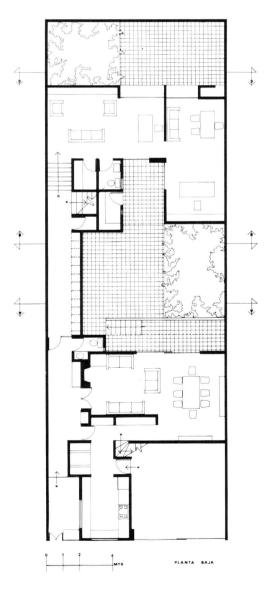

PLANTA BAJA

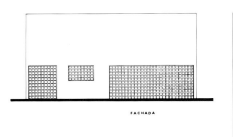

FACHADA

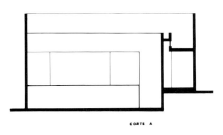

CORTE A

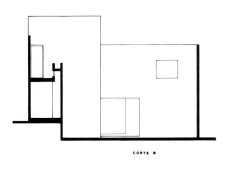

CORTE B

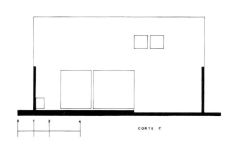

0 1 2 4

CORTE C

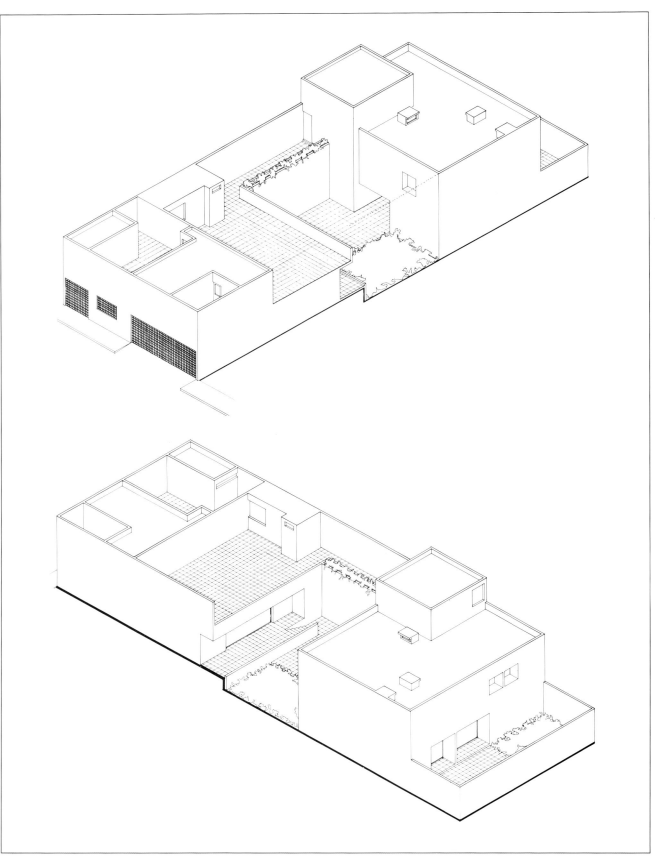

48

Arquitecto: Carlos Caballero Lazzeri

# Casa-habitación y oficina

**Orizaba, Veracruz    1984-1987**

Para la realización de esta obra se escogió un terreno trapezoidal en esquina, frente a un conjunto habitacional por su lado corto que es también la calle de acceso y áreas de cultivo que rematan en un gran cerro por su lado largo.

La fachada principal es una pantalla cerrada que funciona como barrera acústica y visual conteniendo únicamente las entradas a la casa y oficina. Las ventanas se ubican en atención a su vista privilegiada, hacia la otra calle y hacia la terraza y jardín interior. El jardín, con la intención de conservar la gran mayoría de los antiguos árboles de sombra, ocupa tres cuartas partes de la superficie, dedicándose a la construcción el primer cuarto del predio. En él se desarrolla la obra en varios niveles comunicados entre sí por dos juegos de escaleras, el de la oficina, con tres rampas a escuadra y limitada por dos muros de diferentes alturas en morado y magenta, y el de la casa, que dentro de un espacio de triple altura provoca el efecto visual de un cuadro blanco, con una esquina desgajada.

El programa exigía total independencia del taller de arquitectura y la residencia, por lo que los accesos están marcadamente diferenciados y la privacidad o aislamiento de la casa con sus áreas exteriores con respecto al despacho es absoluta, estableciéndose la comunicación entre ambas exclusivamente a través del privado.

El volumen, de líneas muy sencillas, tiene como pauta o concepto unificador un prisma de base rectangular, que cobija por el interior tres niveles de azoteas/terrazas, sobresaliendo de la más alta el tinaco, prisma de base cuadrada y menor tamaño girado 45° con respecto a la cubierta.

Casi todas las vistas exteriores tienen como telón de fondo el verde de la vegetación exuberante de la zona, que armoniza y hace resaltar los dos tonos naranjas en que están pintados los muros perimetrales. Las terrazas, por encontrarse por medio de los árboles visualmente aislados del conjunto, pudieron ser pintadas en colores contrastantes de amarillo y rosa mexicano.

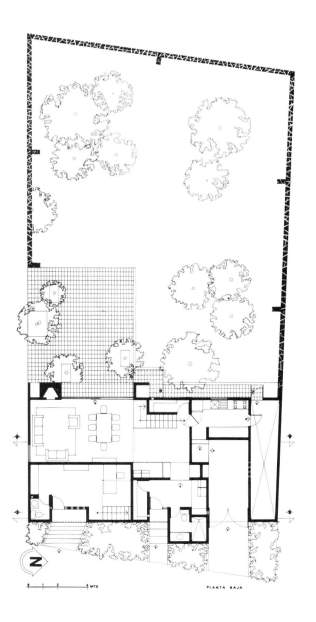

PLANTA BAJA

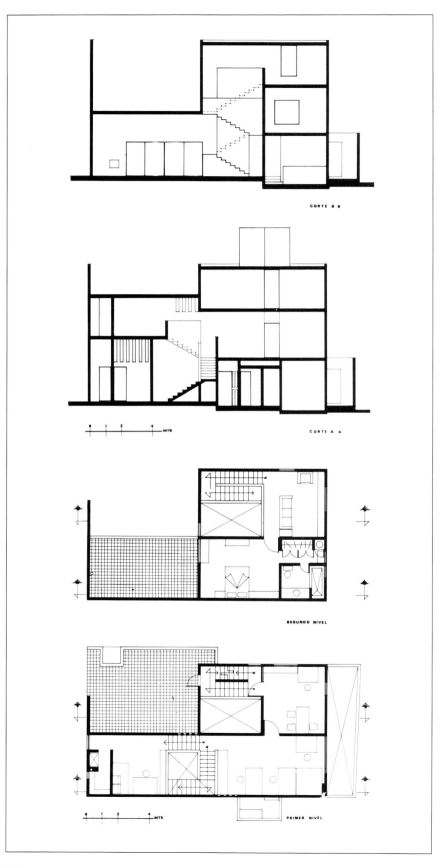

CORTE B B

CORTE A A

SEGUNDO NIVEL

PRIMER NIVEL

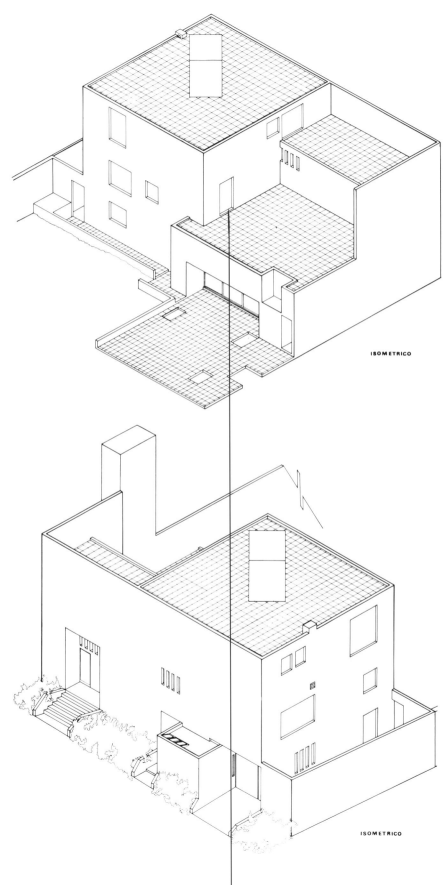

ISOMETRICO

ISOMETRICO

Vista aérea, vista desde la plaza y planta de conjunto

Firma de arquitectos: 103 Grupo de Diseño, S.A. de C.V.

Arquitectos: Óscar Bulnes Valero / Benjamín Félix Chapman

# Teatro de la Ciudad

**Monterrey, Nuevo León    1983**

El proyecto de la Gran Plaza ha significado el cambio y la regeneración del centro de la ciudad. Es un detonador que transforma el paisaje urbano de la ciudad de Monterrey, N.L. La Gran Plaza, zona de 400.000 m², es pulmón y lugar de esparcimiento para el pueblo, y el centro político, religioso, cívico y cultural de la ciudad. En este último aspecto el Teatro de la Ciudad cumple una misión trascendente.

Objetivo: crear un recinto que ofrezca la posibilidad de presentar eventos artístico-culturales, desde monólogos a obras de teatro, danza, ópera, sinfónicas, etc., así como también eventos de carácter cívico.

Asimismo, se propuso que continuara las alternativas antes mencionadas con espacios de fácil acceso para dar cabida a todas las expresiones artístico-culturales y espontáneas de la población.

Un edificio que después de reunir características de funcionalidad, sobriedad y estética, respondiendo a su idiosincracia y carácter del lugar, e integrándose simultáneamente al entorno urbano determinado por la Gran Plaza, tenga la posibilidad de generar mayor público espectador, artistas, directores, escenógrafos, etc., como también compañías de teatro para dar vida propia y mayor permanencia, concebido tal cual como el «Teatro de la Ciudad».

Para ello se implementó el programa arquitectónico —además de los requisitos que demanda un teatro formal— la creación de una escuela de teatro, unas salas especiales de ensayo, un taller de escenografía, un espacio para teatro experimental, galería-teatro y café-literario, así como los foros al aire libre con una capacidad para hasta 3.000 espectadores.

Al diseñarse la Gran Plaza, el teatro quedó incorporado a la misma, y se concibió como una prolongación más, a través de los amplios espacios que lo comunican con áreas verdes, fuentes y monumentos, y por su ubicación, donde se percibe el pulso dinámico de la ciudad. Es lugar de confluencia entre el estruendo creativo y la paz reflectiva.

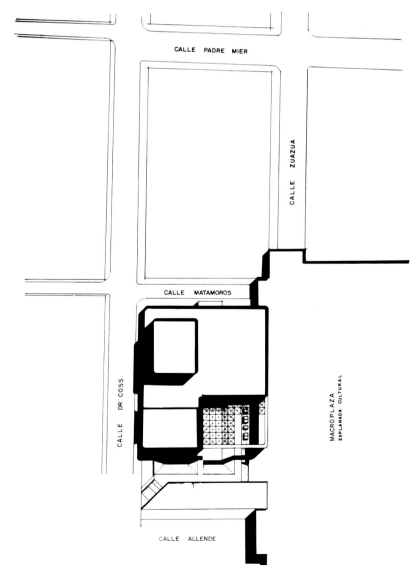

Vista general de la macroplaza, del ágora y del interior del teatro.

Firma de arquitectos: 103 Grupo de Diseño, S.A. de C.V.

Arquitectos: Óscar Bulnes Valero / Bernardo Lira Gómez / Fernando López Martínez

# Centro de Tecnología Avanzada para la Producción Instituto Tecnológico y de Estudios Superiores de Monterrey (ITESM)

## Monterrey, Nuevo León    1987-1988

Dos torres inclinadas en movimiento que en conjunto se equilibran y presentan una composición plástica diferente en cada punto de observación, conforman el Centro de Tecnología Avanzada para la Producción, que se ubica en el campus del Instituto Tecnológico y de Estudios Superiores de Monterrey (ITESM).

Este centro se incorpora al ITESM y ahora es parte de su imagen, como lo han sido el Mural del Edificio de Rectoría y el Cerro de la Silla (premisas de diseño) con la idea de convertirse en un símbolo más integrado al Instituto, en el cual se haga presente su misión de posgrado e investigación por ser una de las plataformas de desarrollo para el futuro.

Otra premisa también fue que en su interior se manifestara la totalidad de su sistema constructivo, así como ductos y redes de servicio obteniendo mayor versatilidad y flexibilidad en sus instalaciones, aprovechándose como ambientación propiciando la creatividad e innovación de profesores, investigadores y estudiantes.

La cibernética, la cinética y la dinámica, fundamentales en este centro de tecnología, tienen relación con la formación del edificio, así como en abstracción, reminiscencias culturales de una arquitectura de origen, al mismo tiempo imagen contemporánea y en prospectiva hacia el futuro.

La versatilidad y flexibilidad en los espacios libres internos los exige la función de la tecnología avanzada, de alcances y transformaciones impredecibles que ven hacia el futuro.

Las torres inclinadas cubren espacialmente la función de la investigación en informática y en alta tecnología respectivamente con apoyo a los programas de posgrado, ambas soportadas en su parte inferior por el Centro Electrónico de Cálculo que, analizados en su esquema general, mantienen una analogía con los hemisferios de un cerebro y su mesoencéfalo, así como las fibras sensibles y motoras con las redes de comunicación electrónica del centro.

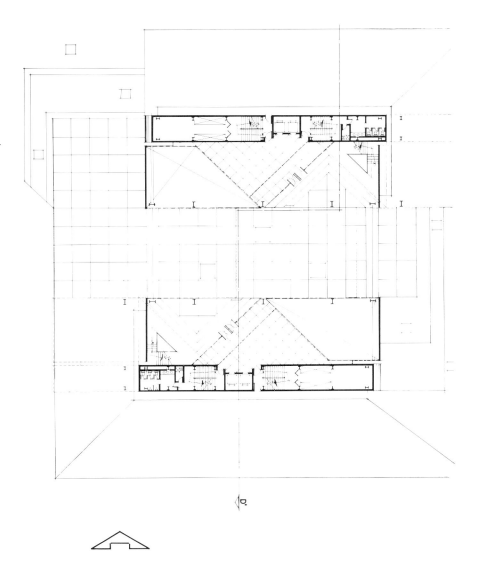

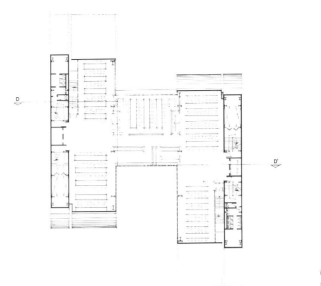

PLANTA 1er NIVEL

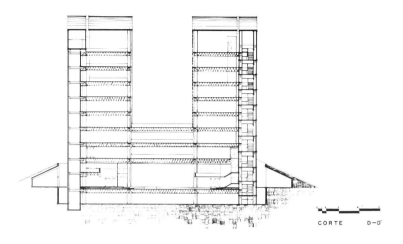

CORTE D-D'

Arquitecto: Fernando González Gortázar

# Casa González Silva

## Guadalajara, Jalisco    1981

Sobre un terreno de 1.000 m², esta casa fue proyectada para alojar a una familia de cuatro miembros, a dos empleadas domésticas, a un grupo de alrededor de veinticinco monos y algunas aves, a una colección de plantas tropicales, y a otra de casi mil cactos y otras plantas desertícolas.

El frente del terreno mira al noroeste, y uno de los requisitos climáticos era el que todos (o casi) los recintos miraran hacia el sur y el este, así como el que la comunicación visual entre el interior y el exterior de la casa fuera lo más amplia posible. De este modo, la casa se desarrolló como una franja estrecha de lado a lado del terreno, entre el jardín frontal y el posterior. Hacia la calle, la fachada es casi ciega, mientras hacia adentro se abre en grandes ventanales corridos que siguen los quiebres de la planta.

La altura uniforme de los techos tiene dos excepciones. La primera y más notable, en la planta baja, es el espacio continuo de doble altura (5,37 m) ocupado, en ese orden, por la estancia, la terraza que se abre hacia ambos jardines y el invernadero. Sin columnas en sus 16 m, su cubierta está sostenida por dos grandes trabes tridimensionales de acero.

El otro espacio con una altura diferente es el estudio de la planta superior, que se prolonga en una terraza cubierta con lámina de acrílico traslúcido, en donde las plantas xerófitas se alojan a salvo de la lluvia. Este cobertizo está sostenido por dos trabes pequeñas, similares a las de la planta baja.

En cuanto a los materiales, casi todos los muros son de ladrillo aparente, y los restantes, al igual que los techos, recibieron un aplanado granuloso de color blanco. Los bordes de las losas de entrepiso, por su parte, son de concreto aparente. Por todo ello la casa requiere poco mantenimiento, y también de allí, acentuado por la ventanería y demás elementos metálicos pintados de rojo, los toldos de lona amarilla, el piso de madera clara en la estancia y el comedor, de losetas de barro en el exterior y de mosaico blanco en el resto, resulta el cromatismo cálido de la construcción.

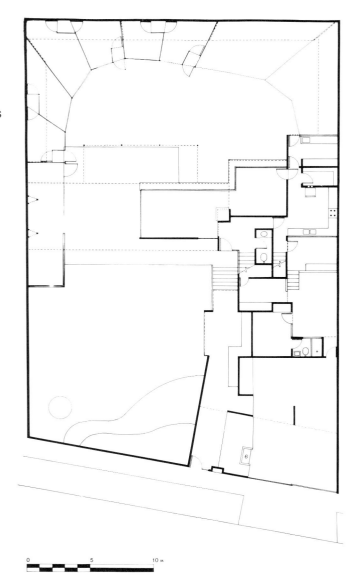

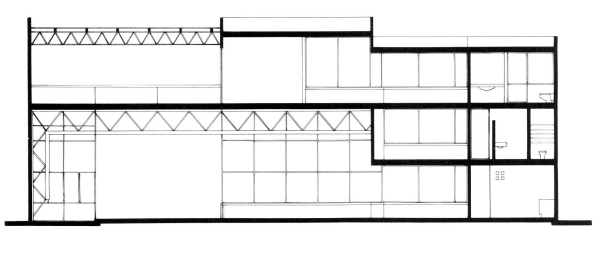

0          5          10 м

Vista de la fuente monumental, del acceso
y planta de conjunto.

Arquitecto: Fernando González Gortázar

# Cementerio Municipal del Sur

## Guadalajara, Jalisco    1982

Para aquellos que siguen creyendo que las obras de arquitectura son eternas, he aquí un recordatorio de las circunstancias e intereses ajenos a la profesión (y a la razón) que las destruyen. Éste es un caso extremo. Apenas unos meses después de concluidos los trabajos, a las nuevas autoridades municipales les gustó el predio para construir un conjunto habitacional. Para lograrlo, esgrimieron inexistentes problemas sanitarios (contaminación de mantos freáticos), y antes de que empezara realmente a funcionar el cementerio fue destruido. Subsiste tan sólo, muy alterado, el conjunto del ingreso, convertido en plazuela de barrio.

Así, hay que hablar en pasado: en un hermoso terreno de casi 40 hectáreas, en la falda de una colina, se edificó este cementerio destinado mayoritariamente a personas de escasos recursos. Fue concebido como gran área verde, respetándose las arboledas existentes y dejando amplio espacio al cauce de arroyuelos que se forman, efímeramente, luego de las tormentas, y creando sepulcros verticales *(columbarios)* en zonas de afloramientos rocosos. Un osario proyectado no llegó a construirse.

En el ingreso principal se realizó un área de estacionamiento, limitada hacia adentro por un muro recubierto de cerámica color café oscuro *(grafito)*, que se escalonaba siguiendo la pendiente del terreno. Al llegar al punto más alto, este muro se elevaba, por así decirlo, y descendía como una gran trabe en voladizo que se hundía en el suelo, en medio de un jardín. Entre esta trabe y la acera había una amplia plaza, delimitada lateralmente por un muro de piedra de 5 m de altura.

Tras pasar bajo la trabe y trasponer la reja de ingreso, existía una segunda plaza; en ella, un área techada permitía depositar transitoriamente los ataúdes, mientras se realizaban los últimos trámites en las oficinas contiguas.

Al fondo, ligada al ingreso por la prolongación del muro de cerámica, existía una «sala de descanso» de planta triangular, abierta y rodeada por una hermosa arboleda ya existente, que podía funcionar como capilla.

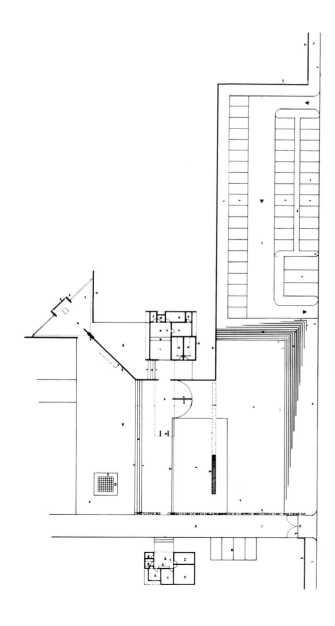

Vista de la plaza de acceso, del conjunto
y de la fuente monumental

Vista del paseo junto al lago y
axonométrico, detalle del trayecto

Arquitecto: Teodoro González de León

Colaboradores: J. Francisco Serrano/Aurelio Nuño

# Parque «Tomás Garrido Canabal»

## Villahermosa, Tabasco    1984-1985

El Parque «Tomás Garrido Canabal» está situado al borde de la «Laguna de las Ilusiones», en el centro de la ciudad de Villahermosa, capital del estado de Tabasco, en el trópico húmedo mexicano. Tiene tres secciones: al centro se encuentra el parque-museo de La Venta que diseñó el poeta mexicano Carlos Pellicer hace veinte años; este museo se ha convertido en uno de los lugares de visita obligada del turismo internacional. Pellicer preservó 5,5 ha de selva tropical y ubicó 25 esculturas monumentales de la cultura olmeca de los siglos IX al VI a.C. En los dos costados del parque-museo se encuentran las dos secciones remodeladas para parque público y zoológico, respectivamente.

El parque está diseñado a base de una serie de plataformas delimitadas por escalinatas y taludes de tierra, recubiertos de césped y enredaderas. Se forman así una serie de recintos con diferentes ambientes y perspectivas. Los taludes funcionan además como barreras para la vista y el ruido de la arteria de alta velocidad que bordea el sitio. Las plataformas, las escalinatas y los taludes aluden a la arquitectura clásica de Mesoamérica, cuya característica fue la de componer espacios exteriores. Los recintos formados por los taludes se articulan con una calzada peatonal que los cruza en diagonal, concebida como un eje perspectivo a la manera del siglo XVII. El eje, de 600 m de longitud, pasa por los puntos importantes del parque y contiene una secuencia de monumentos. Se inicia con un tramo sembrado con palmeras imperiales que enmarca al primer monumento: un arco doble —maya y renacentista— que alude a nuestros orígenes culturales. Luego viene un puente que cruza un tramo de laguna y atraviesa el segundo monumento que es una interpretación con materiales modernos de una casa de palma (la típica champa tabasqueña).* El eje remata en una torre mirador de 46 m de altura, que actualmente es el punto más alto de la ciudad.

(*) Esta interpretación con concreto y tubos de asbesto oxidados para representar la palma se inspiró en los relieves que hicieron los mayas en Uxmal y Kabah representado en piedra las casas de palma.

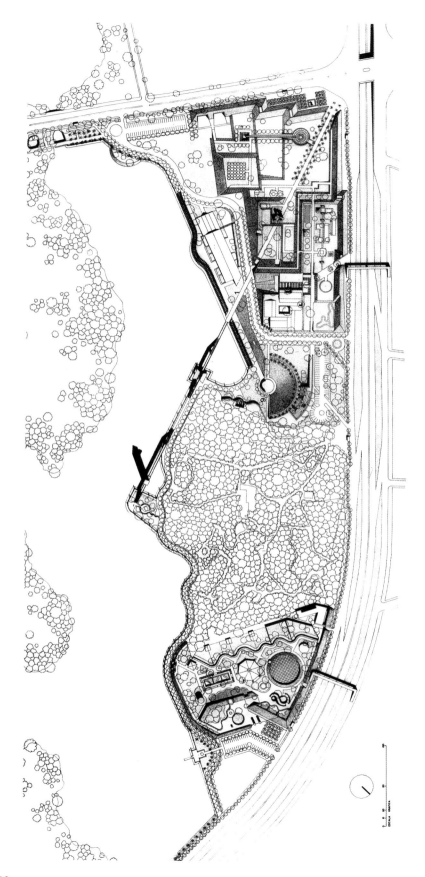

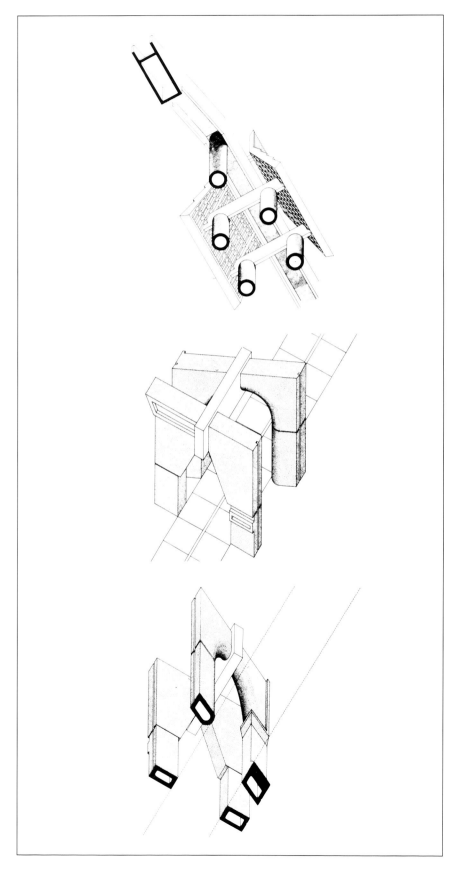

Planta de conjunto, axonométricos de arcos con vistas superior e inferior, y vista de los arcos Romano y Maya

Vista de la pérgola junto al lago, del arco Maya, del paseo junto al lago y de un elemento escalonado en el recorrido

Vista de la unión entre edificio existente y ampliación y planta de conjunto

Páginas siguientes: planta baja, planta primer nivel, fachada a calle V. Carranza, corte y vistas de la esquina de la ampliación, detalles de las pérgolas y vista del vestíbulo interior

Arquitecto: Teodoro González de León

Colaborador: Abraham Zabludovsky

# Remodelación y ampliación de las oficinas centrales del Banco Nacional de México (Banamex)

**México, D.F.    1986-1988**

El edificio se levanta en un terreno de 2.500 m$^2$ situado en la esquina de Venustiano Carranza y Palma, en pleno centro histórico de la Ciudad de México y se integra al antiguo Palacio de los Condes de San Mateo y de Valparaíso —una de las más importantes edificaciones del barroco mexicano construida en 1772 por Francisco Guerrero y Torres—, en el que el Banco Nacional tiene su oficina matriz desde hace más de un siglo.

El proyecto es un ejercicio de integración y de diálogo entre dos arcuitecturas: la fachada del edificio completa la cuadra con el mismo paño y altura del edificio colonial, como en la antigua tradición urbana, y remata la esquina con un cuerpo alto en forma similar. La forma en «H» de las ventanas, típica de la arquitectura civil del siglo XVIII de Ciudad de México, se interpreta con el mismo ritmo, en forma contemporánea, a base de un sistema de parteluces verticales colocados a 45° del paramento.

En planta —a semejanza del colonial— el edificio se organiza alrededor de un patio cuadrado que se va estrechando en los pisos superiores: parte de 2 × 2 entrejes en planta baja, 1 1/2 × 1 1/2 en el piso principal de oficinas y 1 × 1 en los dos pisos superiores, que alojan los comedores de la dirección y de los empleados. Estos dos pisos están remetidos en forma escalonada con terrazas pergoladas, cuyas vistas están orientadas a las cúpulas de azulejos del edificio colonial.

Como puede observarse en la planta, el proyecto incorporó parte de un edificio que fue seriamente dañado en los sismos de 1985 y cuya demolición total era imposible, dado que en los primeros niveles estaban alojadas algunas instalaciones vitales para el banco. La posición de la estructura fue un resultado de lo anterior.

Las fachadas son de concreto cincelado con grano de mármol y arena de tezontle rojo, con lo que se logra una tonalidad rojiza que armoniza con el tezontle de la fachada del edificio colonial.

El edificio tiene 13.500 m$^2$ construidos.

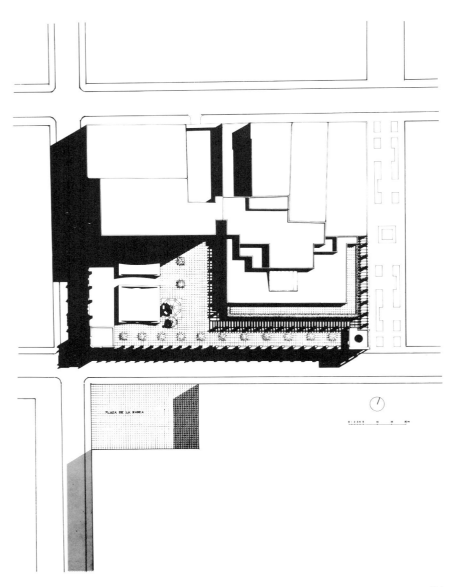

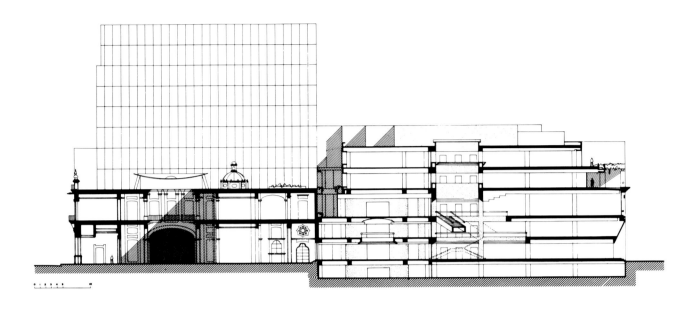

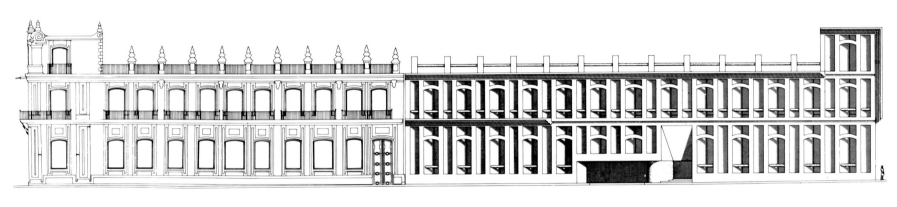

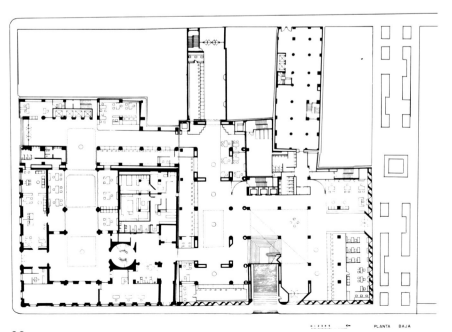

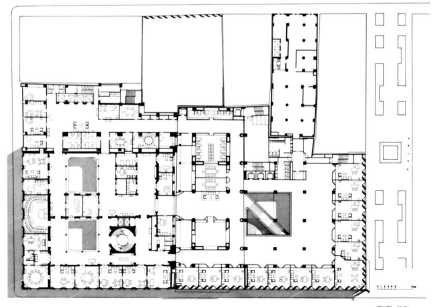

PLANTA BAJA

PRIMER NIVEL

82

Vista andador y señalización y planta de conjunto

Firma de arquitectos: Grupo de Diseño Urbano

Arquitectos: Mario Schjetnan Garduño / José Luis Pérez
Maldonado / Jorge Calvillo Unna

# Parque Tezozomoc-Azcapotzalco

**México, D.F.    1978-1982**

Es una de las zonas de mayor contaminación del Valle de México,
donde se da la máxima concentración industrial del país, se encuentra
un espacio de 30 ha cuya transformación en parque se convierte en
un objetivo tan esencial como aparentemente utópico. El parque se
concibe, así, como un espacio cultural recreativo en medio de una
zona densamente poblada que refleja un avanzado desorden urbano.

La topografía-orografía del Valle de México y sus lagos hacia finales
del siglo XVI se reproducen para ofrecer, a través de un recorrido
cultural, una visión de su evolución histórica y ecológica de manera
asequible y atractiva. Esta memoria física, que es el eje del parque, se
complementa con instalaciones deportivas, ciclopista, cafetería,
embarcadero, jardín de esculturas, pista de patinaje, auditorio y
gimnasio al aire libre.

El proyecto se desarrolló a lo largo de cuatro años aplicándose una
política ecológica no sólo en su concepción, sino también en su
realización. De esta manera se aprovechó la tierra proveniente de las
excavaciones del Metro para crear la topografía; se usaron y reciclaron
las aguas negras para el riego de las plantas y para llenar el lago, y
se instaló un vivero para la reforestación de la zona de Azcapotzalco.
La cafetería está concebida como un mirador del lago y el parque, y al
mismo tiempo es una prolongación a cubierto de la plaza en la que se
encuentra. Es un punto de referencia en el paisaje del parque y se lee
como una estructura abierta en que se combinan y contrastan
volúmenes cerrados en color con elementos esbeltos y transparentes
en concreto aparente. Es una imagen sencilla y compleja, abierta y
cerrada. Su diseño es un ejercicio de síntesis de opuestos.

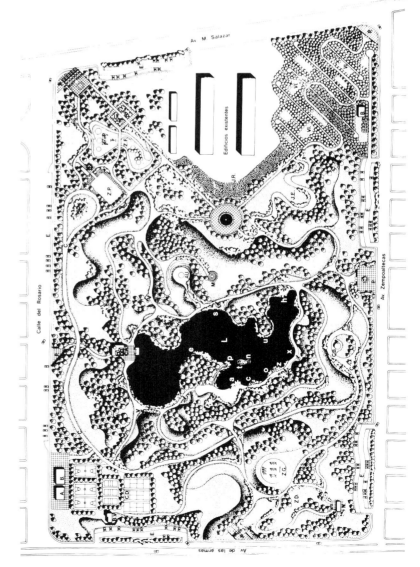

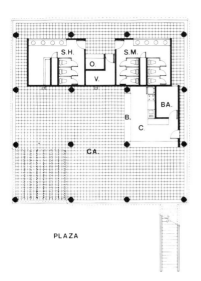

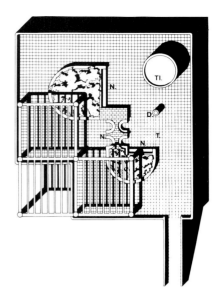

Planta baja y azotea, cafetería y vistas del lago

PLAZA

Vista de los andadores y planta de conjunto

Páginas siguientes: planta arquitectónica, casa B. Planta baja y planta alta. Planta arquitectónica, casa A. Planta baja y planta alta. Vistas casas tipo A y B y de la alberca

Firma de arquitectos: Grupo de Diseño Urbano

Arquitectos: Mario Schjetnan Garduño / José Luis Pérez Maldonado / Jorge Calvillo Unna / Manuel Peniche Osorio

# Conjunto «Claustro de las Fuentes»

**Piedras Negras, Coahuila    1982**

«Claustro de las Fuentes» es un desarrollo de 53 viviendas en condominio horizontal sobre un terreno de 15.000 m². El proyecto se desarrolló con dos objetivos primordiales: comunidad y privacidad. Para ello se planearon, a base de lotes independientes, viviendas individuales con áreas y servicios comunes. Todos los lotes son accesibles desde la calle y en todos es posible introducir un automóvil.

Los espacios verdes comunes constituyen una tercera parte de la superficie total del terreno (4.889 m²), conformándose por una sucesión de plazas y jardines y lográndose perspectivas y ambientes diferenciados. En el remate de las calles peatonales se dan plazas con fuentes y bancas. El conjunto está equipado con una cancha de usos múltiples, en donde se puede jugar volibol, badmington, basquetbol y patinaje sobre ruedas. Esta zona está pensada para niños de 7 años, adolescentes y adultos, y se cuenta también con una zona para niños pequeños, de 1 a 6 años, en donde se han colocado juegos como: columpios, resbaladillas, un changuero y un chapoteadero. Se dispusieron bancas cercanas para que las madres pueden observar y cuidar a los niños. Sin embargo, el elemento más importante del equipamiento del conjunto es el Club Social o casa comunitaria, en donde los vecinos podrán encontrarse para realizar reuniones o pequeños festejos. El espacio cubierto, con una estructura de madera, tiene un área libre de 100 m². El club social cuenta con una alberca de 10 × 10 m, vestidores y baños para hombres y mujeres, así como espacios suficientes para asolearse.

Se diseñaron dos tipos de vivienda, cada uno con su propia imagen pero armonizando en su conjunto. Cada casa consta de estancia, comedor, cocina, dos recámaras, estudio convertible en tercera recámara, dos baños completos, chimenea y un patio de lavado y tendido al descubierto. En la parte posterior, la casa cuenta con un patio-jardín para estar al aire libre en convivencia familiar.

El área cubierta de las viviendas es de 98 m². El material básico utilizado fue el tabique rojo prensado de la región y se respetaron los patrones locales de arquitectura tradicional.

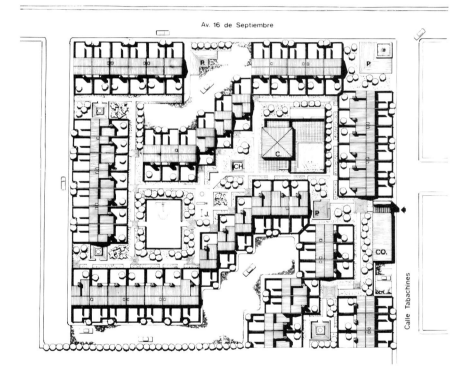

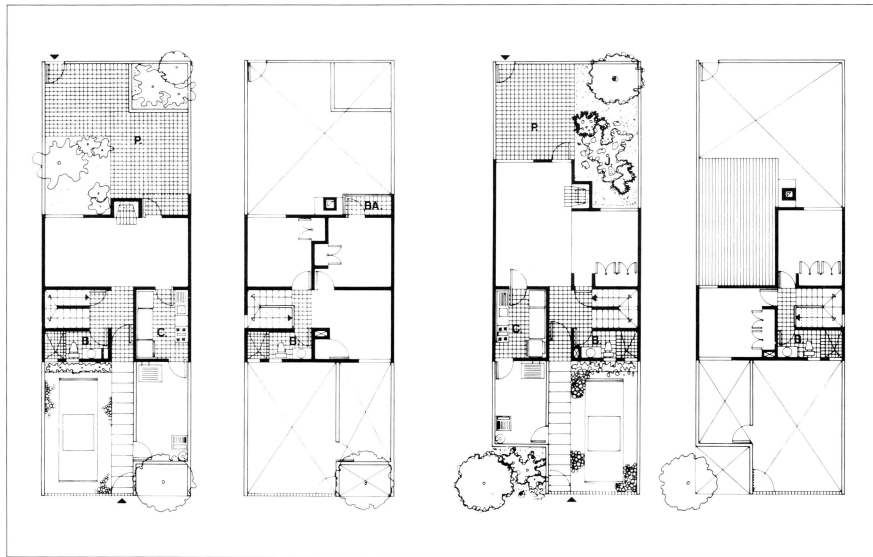

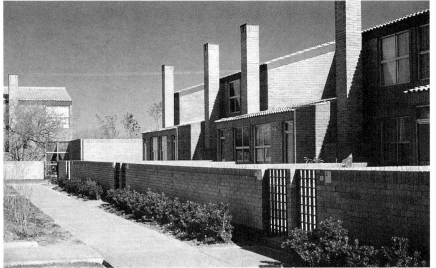

Firma de arquitectos: Gutiérrez Cortina Arquitectos, S.C.

Arquitectos: Bosco Gutiérrez Cortina / Fernando Cárdenas González / Emilio Guerrero y Ramos

# Casa Gutiérrez Cortina

**México, D.F.    1987-1988**

La casa está ubicada al sur de la Ciudad de México en un terreno plano de 750 m². El diseño contempla un total respeto por los árboles existentes, que junto con los volúmenes de la casa conforman los espacios exteriores como antesala de los espacios interiores.

La casa tiene tres zonas: la primera corresponde a la parte pública de la misma y está formada por vestíbulo, sala, comedor, biblioteca y baño de visitas. El vestíbulo se integra al comedor mediante el mismo piso que se extiende hacia el patio exterior, el cual se encuentra delimitado por una área verde ajardinada en un extremo y por el otro está contenido por un muro color rosa mexicano que termina en una arista que se amarra al piso mediante unas esferas del mismo material.

La sala es un espacio de doble altura que comparte, en planta baja con la biblioteca y en planta alta con la oficina, la misma cubierta a base de vigas de madera; por medio de ésta se accede a través de una ranura a la biblioteca, que se encuentra 1 m más abajo y de donde se desdobla el piso de madera para generar un volumen escalonado de color amarillo y morado por el cual se sube a la oficina.

La segunda área es la de servicio, que está distribuida de acuerdo a las necesidades funcionales de la casa, la cocina, cuartos de servicio y juegos, se localizan en planta baja, dando servicio al comedor y patio comunicados directamente al estacionamiento y escalera familiar para subir a la zona de recámaras sin interferir a la recepción; la lavandería se localiza en planta alta.

La tercera corresponde a la zona privada de la casa, y está compuesta por la recámara principal y tres recámaras de niños distribuidas a través de un pasillo que descubre mediante su recorrido y niveles de plafón espacios nuevos.

La recámara principal se compone de dos áreas, la de dormir y la de estar; de ésta, y a través de un cerramiento de cantera que remata la chimenea, se descubre un pequeño oratorio personal color dorado dentro del muro rosa en la cima de la arista.

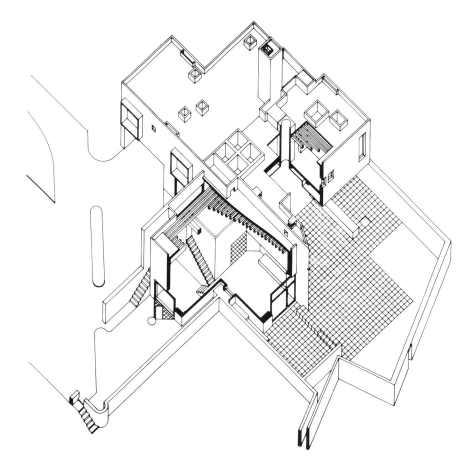

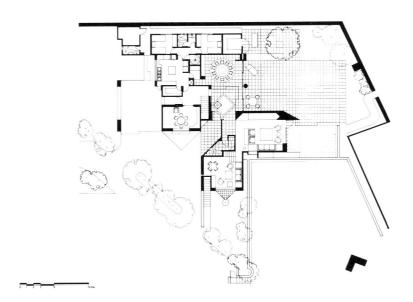

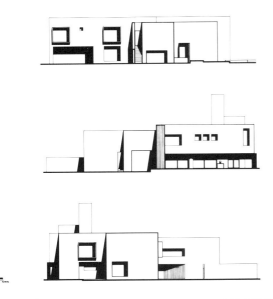

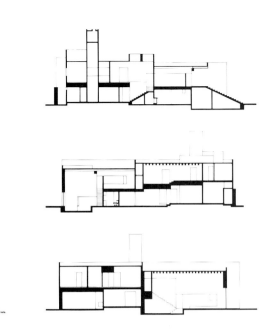

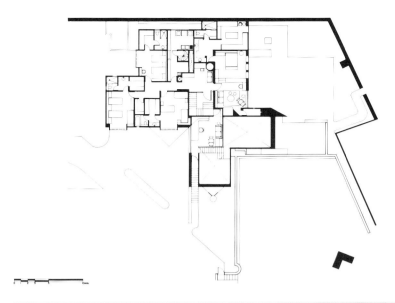

Arquitecto: Agustín Hernández Navarro

# Centro de Meditación

## Cuernavaca, Morelos    1986

El concepto del diseño se deriva de una serie de simbolismos metafísicos relacionados con su uso, en especial la interacción del círculo y del cuadrado como reminiscencia del diagrama básico de una mándala; la inspiración preponderante proviene de la cultura hindú, puesto que este edificio está evocado a la práctica del yoga donde los espacios interiores responden a los ámbitos necesarios en la iniciación y la práctica de esta disciplina.

Así, el resultado formal de este edificio situado en las inmediaciones de Cuernavaca es el de un sugestivo volumen escultórico, basado en la intersección de formas geométricas simples que conforman muros y vanos. Sus proporciones monumentales se integran al entorno gracias a su silueta y una sencilla jardinería, hábilmente realizada creando un ambiente de cierta manera mágico. Su atractivo principal radica en los espacios interiores y las emociones que genera.

En la planta baja se localiza una habitación sutilmente iluminada a base de ventanas traslúcidas en forma de T invertida, además de una fuente de luz indirecta, que se conecta con un gran salón superior profusamente iluminado por ventanas que, como dos enormes ojos, contemplan el imponente paisaje circundante; la escalera que los une tiene el doble significado de elevación física y espiritual, cuyo diseño en pequeños tramos ofrece una cadencia ceremonial. La iluminación juega un papel preponderante, está acorde a las funciones espaciales y al tratamiento de texturas, privilegiándose el empleo de ónix ambarino y cristales en diversas acepciones.

El sistema constructivo de gran sencillez permite el uso de ladrillos blancos dejados aparentes, con un atrayente dibujo geométrico en su colocación y una realización novedosa en la cubierta del gran círculo central, lograda interiormente a base de troncos rodados.

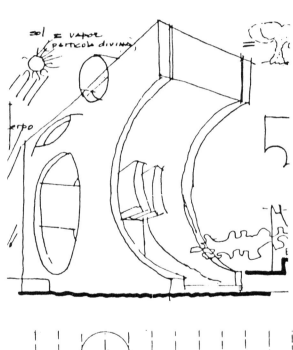

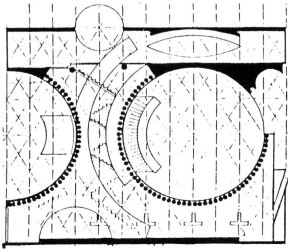

Arquitecto: Agustín Hernández Navarro

# Casa «Bosques de las Lomas»

**México, D.F.    1988**

La noción del lugar para vivir está en relación al medio exterior, a nosotros mismos y a los demás dentro del contexto urbano local. El vacío del uso del suelo hizo buscar el uso del aire. El espacio estructurado y no la apariencia es el que imperó en la generación de la forma. Dos elementos estructurales se contraponen y se complementan los soportes de concreto y la estructura de acero que los penetra, marcando la antítesis de lo horizontal y lo vertical. Las columnas de acero que unen las vigas marcaron el inicio de los marcos estructurales calculados para un trabajo estructural tridimensional. Dos ejes bilaterales de simetría, lo que es arriba es abajo, lo que es a la derecha es a la izquierda, confieren el factor constante de diseño y de estructura.

Para sus fachadas se utilizaron prefabricados de planta y en obra, con cubiertas de acero galvanizado y pintura al fuego, acentuando la audacia a un futuro. En sus interiores se emplearon dos materiales de nuestra época: el vidrio y el acero, todo en contraste. Las vigas de acero aparentes indican un simbolismo estructural con el fluir de su fuerza constructiva. La decoración, el mobiliario y la iluminación son añadidos, debiendo ser elementos que comparten la totalidad arcuitectónica. La luz que viene de las ventanas y tragaluces sale de los nichos luminarias de las paredes. Las ventanas circulares son el cañón de un disparo visual. Un puente tubular comunica la alberca con la cava dentro de uno de los muros de apoyo.

La casa no se apropia del suelo ni se esconde tras sus muros de pobres aplanados, de ahí su gran poder de compra, por lo que no tiene ambiciones de apropiarse del espacio, sin muros ni rejas, pues pertenece al entorno urbano.

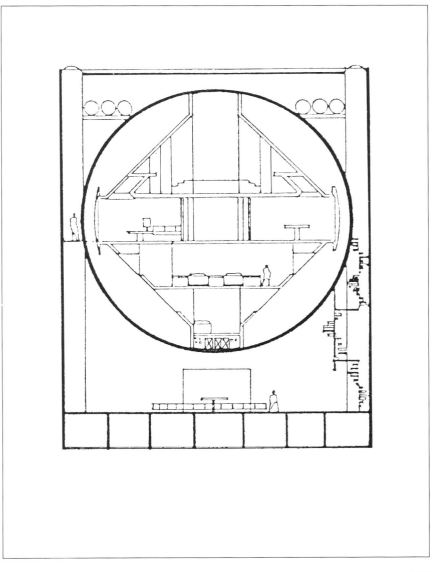

Arquitecto: Felipe de Jesús Icaza Gómez

# Casa Magres

## Cuernavaca, Morelos    1987-1988

En un terreno localizado al norte de la Ciudad de Cuernavaca se planteó la construcción de un taller de cerámica, con su pequeña tienda y una casa habitación.

El taller ocupó el 50 % del terreno hacia el fondo y la tienda con los servicios el 80 % del frente, ésta condicionada a que a la adquisición del terreno ya existían algunos locales construidos (zona de servicios) y otro en etapa de cimentación (tienda), los cuales fueron aprovechados en su totalidad.

En una segunda etapa se llevó a cabo la construcción de la casa, que debía ser pequeña para ser habitada por una sola persona (con visitas eventuales de fin de semana) y que debía aprovechar la excelente vista y orientación con que cuenta el terreno hacia el fondo (jardín), con mucha luz y ventilación naturales.

La casa se resolvió en dos niveles, lo que dio menor superficie de contacto, espacio para estacionamiento al frente y jardín al fondo. Aprovechando la configuración natural del terreno, el acceso se da en el descanso de la escalera, generando un pequeño vestíbulo de altura y media con iluminación cenital. De aquí se baja medio nivel a la zona pública de la casa, que consta de estancia, comedor, toilet, cocina con despensa y una terraza a cubierto, o se sube medio nivel a la zona privada que consta de tres recámaras, dos baños y terraza.

Esta solución dio la posibilidad de dar la mejor vista a todos los espacios habitables, quedando los servicios con ventilación hacia el establecimiento y patio interior. Debido al quehacer del usuario, se previeron espacios que permitieran la exposición de objetos de arte, tales como un pequeño patio interior, que además de dar iluminación y ventilación a la estancia y a los baños constituye un elemento de transición entre la zona pública y el estacionamiento, impidiendo la vista de los coches y que funciona como un pequeño escenario para la exposición de esculturas.

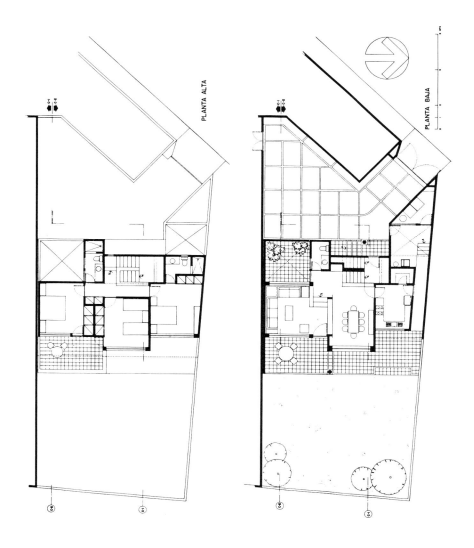

PLANTA ALTA

PLANTA BAJA

Vista aérea de las albercas, planta de
conjunto y cortes por cuerpo norte y sur

Firma de arquitectos: Legorreta Arquitectos

Arquitecto: Ricardo Legorreta Vilchis

# Hotel «Camino Real Ixtapa»

## Ixtapa (Zihuatanejo), Guerrero    1980-1981

El Camino Real Ixtapa ha sido una experiencia única. El mar imponente, la playa extraordinaria y la montaña fuerte fueron la base del concepto: el hotel debía adaptarse a la topografía, a la vegetación, debía obtener las ventajas del clima y de la brisa y, por último, debía aprovechar las diferencias del nivel para crear su forma.

Con esa filosofía establecida, el proyecto arquitectónico se desarrolló naturalmente. Las habitaciones se adaptaron al terreno con orientación, niveles y pendientes óptimos para su construcción. Utilizando el techo de las habitaciones para terraza de las superiores, se lograron tres ambientes de vida: el cerrado para dormir, que con un ventilador permite hacerlo la mayor parte del año, aunque se instaló el aire acondicionado como complemento para los días más calurosos; la terraza cubierta, lugar propicio para comer, descansar, leer y conversar, que comunica con el primer ambiente por ingeniosas persianas corredizas y complementa la habitación la terraza descubierta, que permite disfrutar del maravilloso clima y sol del Pacífico mexicano. Las suites, proyectadas con la misma filosofía, se complementan con albercas en uno de los extremos de la terraza para fundirse con el océano.

La playa se dejó virgen, sin muebles, muros y construcciones que la deformaran: aquí la vida es plenamente natural, pues techos de palapa y arena logran la integración total a la naturaleza.

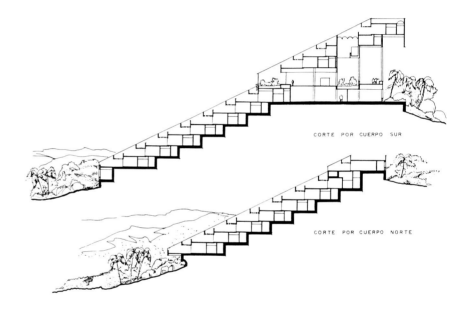

CORTE POR CUERPO SUR

CORTE POR CUERPO NORTE

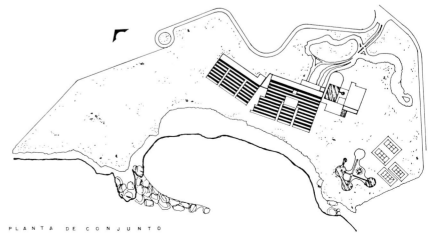

PLANTA DE CONJUNTO

Vista general de la fachada que mira al mar y detalle de la terraza con alberca de una estancia del hotel

118

Firma de arquitectos: Legorreta Arquitectos

Arquitecto: Ricardo Legorreta Vilchis

# Fábrica Renault

## Gómez Palacio, Durango    1983-1984

Localizado en la Ciudad de Gómez Palacio, Durango, México, con una superficie de 65 ha y de proporción rectangular, el terreno se dividió en su lado largo para definir dos predios: en uno de ellos fue construida la planta de fabricación de motores y de piezas de suspensión sobre una superficie de 39 ha, y el otro se mantiene como una reserva territorial de 26 ha para una futura expansión o la construcción de otra planta totalmente independiente. La distribución de los edificios en el terreno corresponde a las funciones designadas a ellos: producción, de servicio y social.

El desierto es mágico, no es posible describirlo, simplemente es absorbente. Me encontré con desierto y muros, muros que nunca terminan. No quise suavizar la emoción, así que en lugar de hacer «paisaje» las áreas abiertas, cubrimos el terreno con piedra; en vez de un color suave, usamos el rojo; en lugar de estar en contra del desierto, lo complementamos.

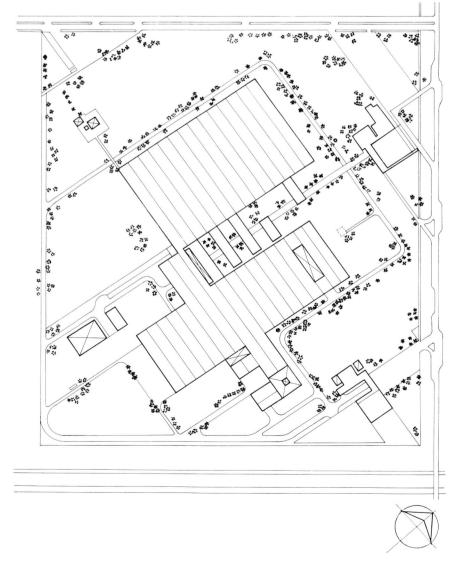

Arquitecto: Alejandro de la Mora y Askinasy

# Casa Alonso

## Ciudad de Puebla, Puebla    1987-1988

La casa propiedad de Raymundo Alonso, se encuentra en los límites de la ciudad de Puebla, en una zona donde la arquitectura típica del lugar participa de una manera importante en la ambientación del recorrido previo a la llegada a la obra.

Las condiciones que presentaba el terreno intervinieron en gran medida en el desarrollo del proyecto arquitectónico, debido a que es un terreno de grandes dimensiones que contaba con un desnivel natural de poco más de dos metros de altura que dividía en dos partes todo el área.

La gran superficie del terreno permitió manejar el proyecto como una sola planta y de esa forma las alturas de los techos no se comprometen y se ven favorecidas.

La pendiente natural del terreno que sube hacia el fondo del mismo, permite que desde el acceso a la propiedad se inicie un recorrido entre muros bajos y altos que acompañan este camino hasta llegar a la entrada de la casa. Las vistas con las que cuenta la casa son dirigidas a los diversos patios, terrazas y jardines para integrar el espacio exterior con el espacio interior. Con esa intención se diseñó un pequeño acueducto para que la presencia del agua interviniera en los ambientes que rodean la casa.

Los espacios que se obtienen, tanto interiores como exteriores, son el resultado del manejo de los muros a base de ángulos rectos combinados con ángulos a 45°.

Los muros conforman los distintos ambientes que integran la casa, y, a la vez, dirigen y determinan el recorrido por el interior de la misma.

Las diversas alturas y formas de las cubiertas contribuyen a un manejo diferente de los espacios y también incrementan o disminuyen la importancia de ellos. El empleo de materiales de origen natural, como son la madera, la piedra y el barro, así como el color en los muros, proporcionan a la obra la presencia que es manifiesta desde la llegada.

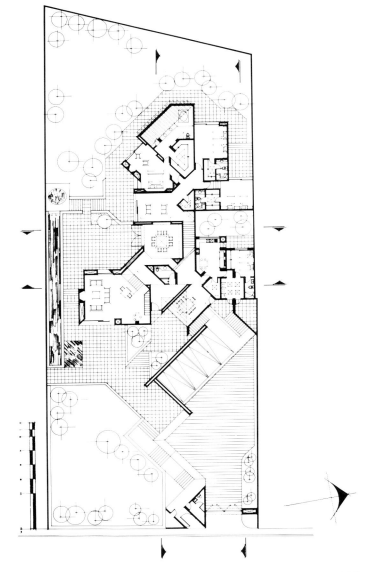

Arquitecto: Enrique Murillo

# Tesorería General del Gobierno del Estado de Veracruz

**Xalapa, Veracruz    1978-1980**

El edificio se encuentra ubicado en un terreno de 45.000 m$^2$ en la periferia de la ciudad, en la confluencia de dos importantes avenidas. Cuenta con dos cuerpos principalmente: uno de 7 pisos, donde se encuentran sanitarios, elevadores e instalaciones generales; otro de 5 pisos, de área flexible, y uno más de 2 pisos, con las mismas características, todo esto en una área construida de 10.800 m$^2$.

El área exterior está compuesta por estacionamientos, uno general y otro para funcionarios; una plazoleta de acceso a la entrada principal, ligada a la calle por un paso a desnivel, áreas ajardinadas y espejos de agua.

Exceptuando el cuerpo rígido que contiene los elevadores y sanitarios, que está hecho a base de una estructura de concreto colada en sitio, el sistema constructivo del resto del edificio es a base de placas que soportan pretensados de concreto, que forman las cubiertas y los entrepisos. Estas piezas vuelan a los lados soportando unos faldones también hechos de concreto formando portaluces, para proteger las fachadas del sol.

El proyecto se manejó con el criterio de tener espacios disponibles que faciliten los cambios que la dinámica de las necesidades reclaman. Todas estas áreas flexibles exigían una modulación en ambos sentidos, capaz de distribuir espacios de una manera conveniente y conciliable con una estructura donde todos los elementos constructivos son visibles.

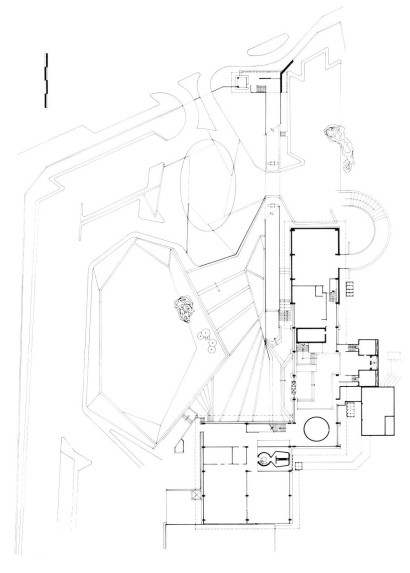

Arquitecto: Enrique Murillo

# Edificio «La Ballena Emplumada»

## Xalapa, Veracruz    1978-1981

En un terreno en pendiente de 4.000 m$^2$ sobre la periferia de la ciudad se sitúa el edificio, que consta de 12 departamentos para rentar, amueblados integralmente, de 50 m$^2$ aproximadamente cada uno, 5 de los cuales están dentro de bóvedas, 4 tienen cubierta de madera y 3 de loza de concreto. En la parte exterior hay terrazas, áreas verdes y un estacionamiento para 14 automóviles, de los cuales 8 están cubiertos con bóvedas ajardinadas en la parte superior. Las bovedas, que son de ladrillo y trabajan estructuralmente como tales, se repiten en forma y tamaño por las ventajas que dan los varios usos de la cimbra. Las cubiertas de madera son de duela con tejamanil, sobre vigas laminadas fabricadas en obra.

Los departamentos son mínimos, en donde se sumaron los espacios de las distintas actividades, exceptuando los que exigen privacidad, con la intención de sentir un espacio mayor. El mobiliario está forjado en obra y se diseñó en el lugar y con los espacios ya construidos, con los materiales y en la forma que permitan flexibilidad e informalidad en su uso. Los espacios exteriores se proyectaron de tal manera que se interrelacionen y se complementen con los espacios interiores, como apoyo a la recepción y la reunión.

Todo el edificio es muy artesanal y está basado en una mano de obra barata no especializada, con los elementos poco industrializados. Esto nos lleva a una revisión de los sistemas constructivos anteriores para adecuarlos a las exigencias actuales en la fabricación y en lo espacial.

Lo anterior y la topografía del terreno que nos obliga a desalinear el trazo del edificio nos da consecuentemente una construcción con sorpresas identificadas a un medio, donde la topografía, las calles, la vegetación, el clima y la traza de la ciudad se integran con el pasado y el presente.

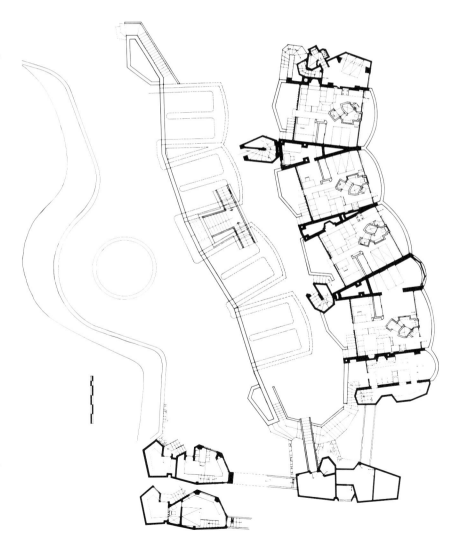

Casa Rivadeneyra, vista general. Vista y planta de conjunto

Arquitecto: Alejandro Rivadeneyra Herrera

# Casa Castillo y Casa Rivadeneyra

**México, D.F.   1987-1988**

Próximo al desierto de «los leones», el Parque Nacional más grande ubicado al suroeste de Ciudad de México, se encuentra el fraccionamiento «rancho San Francisco», cuyo principal atractivo es el de brindar al individuo una alternativa de vivir en estrecho contacto con la naturaleza dentro de la ciudad más grande del mundo. En un predio de aproximadamente 800 m$^2$ de dicho fraccionamiento se localizan estas dos casas en condominio.

La relación con el paisaje resulta un valor fundamental, dada la presencia de amplios jardines y bosques de pinos que rodean el lugar, favoreciendo ampliamente tanto las actividades al exterior como la contemplación desde el interior. El concepto del proyecto se basa en la búsqueda de un espacio arquitectónico que resolviendo las necesidades de habitación entable un constante diálogo con el espacio exterior.

Así pues, se buscó un lenguaje arquitectónico que permitiera alojar las actividades propias de una casa con un máximo de confort interior, logrando a su vez un eficiente contacto con el exterior.

La ligera estructura de madera que soporta las cubiertas cumple la doble función de contener el espacio interior y generar amplios ventanales que permiten que el ambiente exterior fluya al interior y viceversa. Así mismo, la presencia de materiales tales como madera y cantera en el interior del espacio es una constante evocación de la naturaleza para el individuo. Los muros, siempre manejados con amplio espesor, alojan las actividades privadas de la familia y brindan sensación de seguridad y solidez en la construcción.

Desde el exterior las casas se perciben como un juego de volúmenes perforados y paños acristalados cubiertos por techumbres inclinadas de teja, que buscan una tranquila relación con su entorno natural.

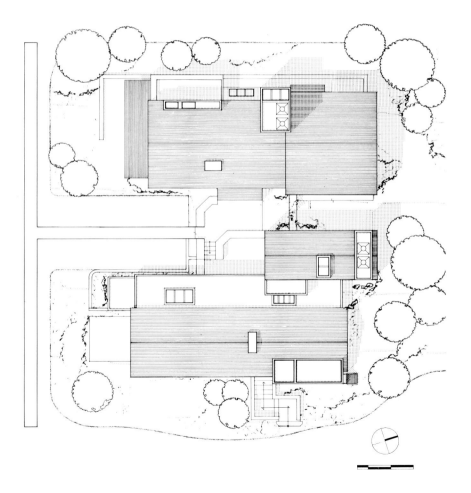

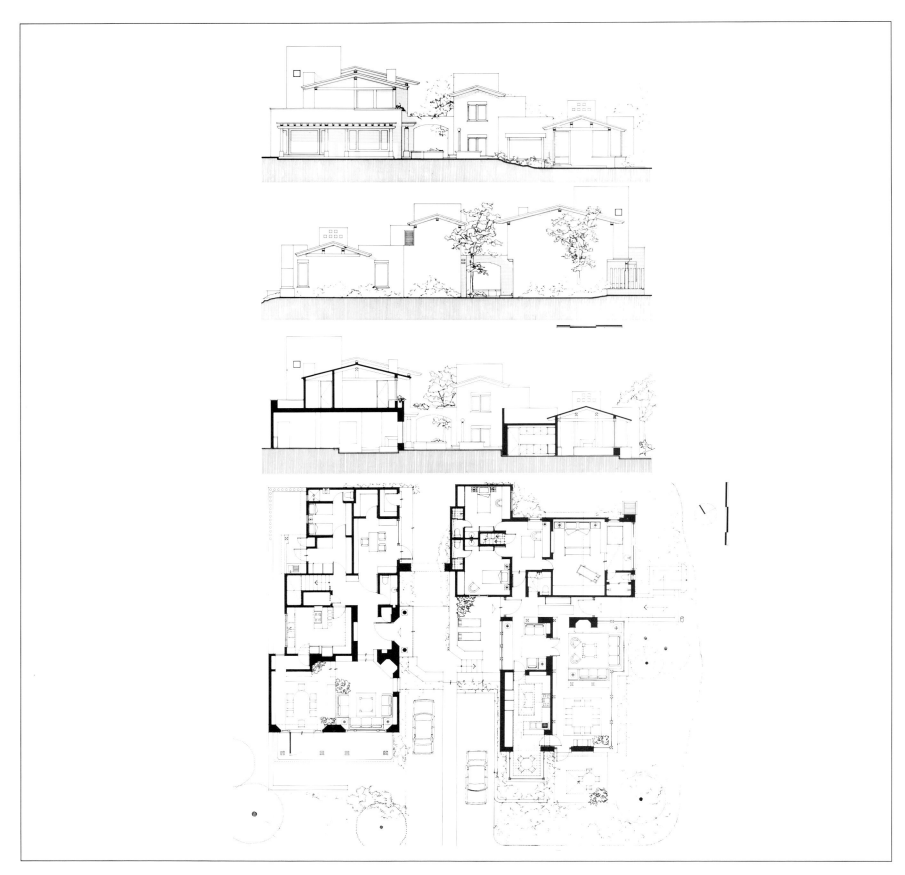

Planta baja, corte y fachadas y vista de la
escalinata de acceso de la casa
Rivadeneyra

Casa Castillo, recámara principal y acceso
y estar familiar y comedor de la casa
Rivadeneyra

Firma de arquitectos: Fausto Rodríguez / Nobuo Mizutani, Arquitectos

Arquitectos: Fausto Rodríguez Manzo / Nobuo Mizutani Mori

# Casa Carrasco Rojas

## Coyoacán, México, D.F.    1987-1988

Tipológicamente, esta obra puede considerarse como una casa tradicional mexicana por su composición, su patio y su color. Su vocabulario arquitectónico contemporáneo refleja la enseñanza de Luis Barragán: la abstracción de la arquitectura de las haciendas, de los pueblos y de los conventos de México.

La casa se ubica en una privada en forma de glorieta al sur de Ciudad de México, en un terreno en semiesquina de 8 m de ancho por 28 m de fondo. La casa se desarrolla alrededor de un patio, a manera de claustro, dentro del cual se localiza una fuente de singular diseño. La casa se erige en tres niveles y un semisótano de servicio, destacando como espacios principales la estancia de una altura de 3,6 m, con su chimenea formando parte de una composición en un muro a base de vanos, salientes y macizos, y su techo de vigas de madera y duela, elementos todos ellos que le dan un carácter que recuerda las haciendas mexicanas. Por otro lado, destaca también la biblioteca en doble altura con su mezzanine, a la cual se sube por una escalera de tipo escultórico, y su gran ventanal orientado hacia el Ajusco (Parque Nacional del Valle de México).

La presencia del color se hace patente en varios puntos de esta obra, tanto en el exterior como en el interior, creándose así espacios y lugares con características muy particulares de luz y color.

La fachada principal presenta una composición muy interesante de volumetría, masividad y color, destacando como elemento central de la composición el volumen formado por la biblioteca y la cochera, composición exterior en gran parte determinada por las condiciones en esquina (semiesquina) del terreno, así como por su ubicación, orientación y vistas.

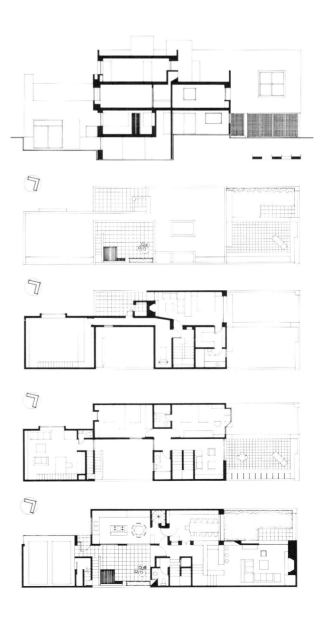

Firma de arquitectos: Carlos Ruiz Acosta / Efraín González Quiñones

Arquitecto: Carlos Ruiz Acosta

# Casa Rodarte

## Culiacán, Sinaloa    1980-1981

Situada en una loma suave y en un terreno grande de 30 × 70 m², es un lugar desde donde se domina la ciudad. La casa se diseñó con el propósito de someter la función a la forma y se metió una casa habitación adentro de un triángulo rectángulo, tarea que fue resuelta con dificultad por la profusión de ángulos.

A la casa se tiene acceso por la hipotenusa del triángulo. La longitud se cortó con el volumen cilíndrico de las escaleras, y es precisamente por el acceso a la misma donde se logra la visión de una escultura arquitectónica, ya que se observa un vértice y las figuras geométricas de rectángulos y cilindros.

Esta fachada es la única que el espectador puede realmente disfrutar, puesto que la fachada oeste es colindante y la fachada norte, hacia donde se abren las ventanas de la casa, da a un barranco del terreno en el que hay muy poca circulación y perspectiva.

El clima extremoso, de un calor insoportable, que perdura por cinco meses, obligó a abrir muy pocos vanos expuestos al sol, a excepción de la fachada norte, pues es la única que tolera ventanas, todo con el fin de evitar mayores gastos en el consumo de energía eléctrica, por concepto de aire acondicionado.

El aire acondicionado es una severa limitación para el libre desarrollo de una arquitectura propia de la región. Sin ser novedad, lo que sí es una solución de carácter regional (en la arquitectura rural de Sinaloa, el portal o terraza es una constante), es la terraza abierta hacia el norte, y la economía en el emplazamiento de la casa, que da lugar a una vegetación sin estrecheces. Se toma también de la región, aunque de todo México por excelencia, el aplanado cal-arena en muros y plafones interiores y exteriores, pintados de blanco.

La arquitectura de esta casa no tiene alardes de ingeniería estructural: la única pretensión verdadera es que su diseño pase la prueba del tiempo, que es lo que cuenta para todo arquitecto.

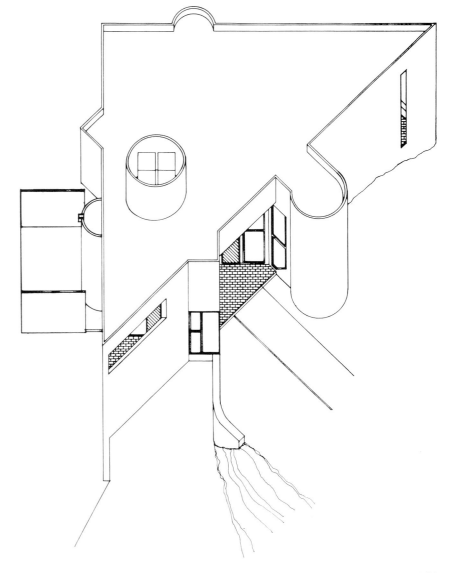

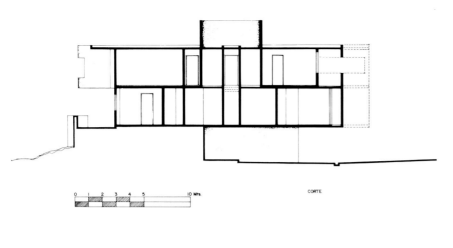

0 1 2 3 4 5    10 Mts.

CORTE

CORTE

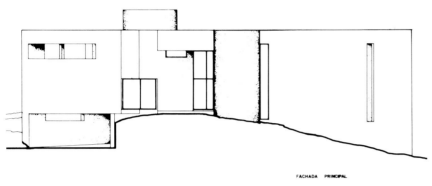

FACHADA PRINCIPAL

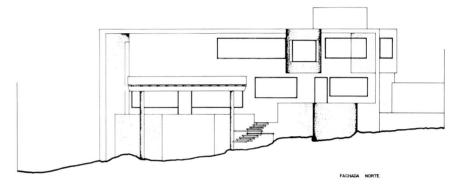

FACHADA NORTE

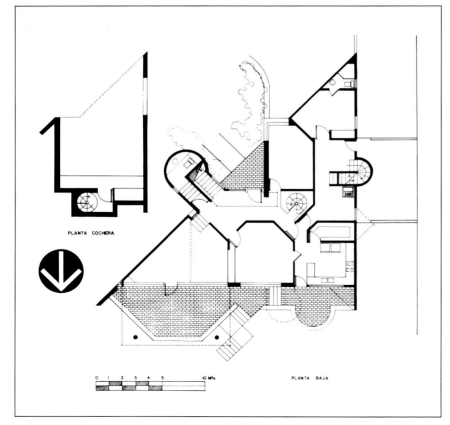

PLANTA COCHERA

0 1 2 3 4 5    10 Mts.

PLANTA BAJA

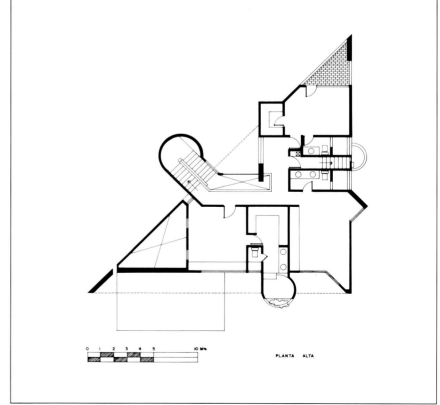

0 1 2 3 4 5    10 Mts.

PLANTA ALTA

Firma de arquitectos: Sánchez Arquitectos y Asociados, S.C.

Arquitectos: Félix Sánchez Aguilar / Luis Sánchez Renero Rangel / Gustavo López Padilla / Fernando Mota Fernández / Álvaro Díaz Escobedo

# Despacho Sánchez Arquitectos y Asociados, S.C.

**México, D.F.    1986**

El rescate de edificios con valor histórico y arquitectónico que forman parte sustancial de nuestra cultura, respetando o cambiando su uso original, pero al fin de cuentas otorgándoles nueva vitalidad, es una de las responsabilidades profesionales más importantes de los arquitectos hoy en día, y más aún cuando resulta necesario optimizar nuestros recursos e infraestructura instaladas, dadas las condiciones económicas por las que atraviesa el país.

Con esta visión realizamos el proyecto y construcción de nuestras Oficinas-Taller en una vieja casa de la colonia Roma del año 1914 catalogada como patrimonio de nuestra ciudad por parte del Instituto Nacional de Bellas Artes.

Establecimos como principio de diseño respetar el área dominante de la construcción localizada al frente del predio, así como la fachada principal, realizando algunos ajustes menores al interior del espacio para hacer eficiente la utilización de esta zona de la casa para el uso de talleres de diseño y dibujo. Rescatamos y adecuamos a las nuevas condiciones el trabajo de yesería, estuco existente aplicado con molduras variadas en los diversos muros. En la parte del fondo del terreno, en la que existía una pequeña y deteriorada área de servicio, la sustituimos por una nueva construcción con espíritu totalmente contemporáneo, con un cierto aire tecnológico-industrial y con la intención de establecer un contraste entre ambos cuerpos de la casa, entablamos un diálogo entre los tiempos históricos, entre dos arquitecturas. La nueva construcción aloja las salas de juntas y áreas de trabajo adicionales. Entre los cuerpos anterior y posterior mencionados se constituye un patio con cubierta de vidrio en el que retomamos algunos elementos esenciales al patio mexicano, como son el tratamiento de los pisos de barro, los muros de tepetate rajuelados con trozos de piedra braza y la fuente.

El espacio en su conjunto fluye por todos los ámbitos de manera continua, sin restricciones de planos que limiten lugares cerrados, salvo ciertas áreas privadas y de servicio. La comunicación y el espíritu de trabajo que el espacio establece es el mejor acierto de la obra y refleja nuestra filosofía sobre el diseño participativo.

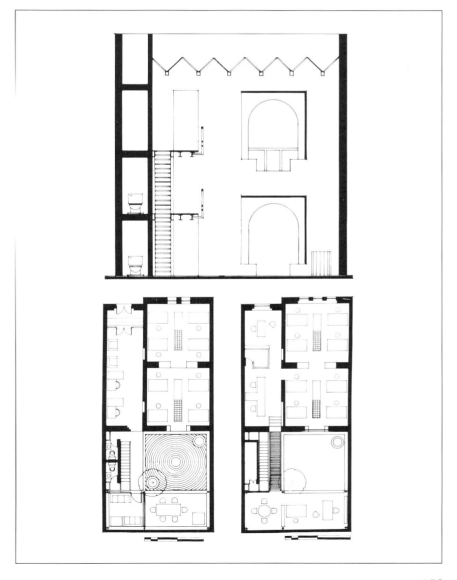

Vista del lucernario, oficinas y patio desde la planta baja

154

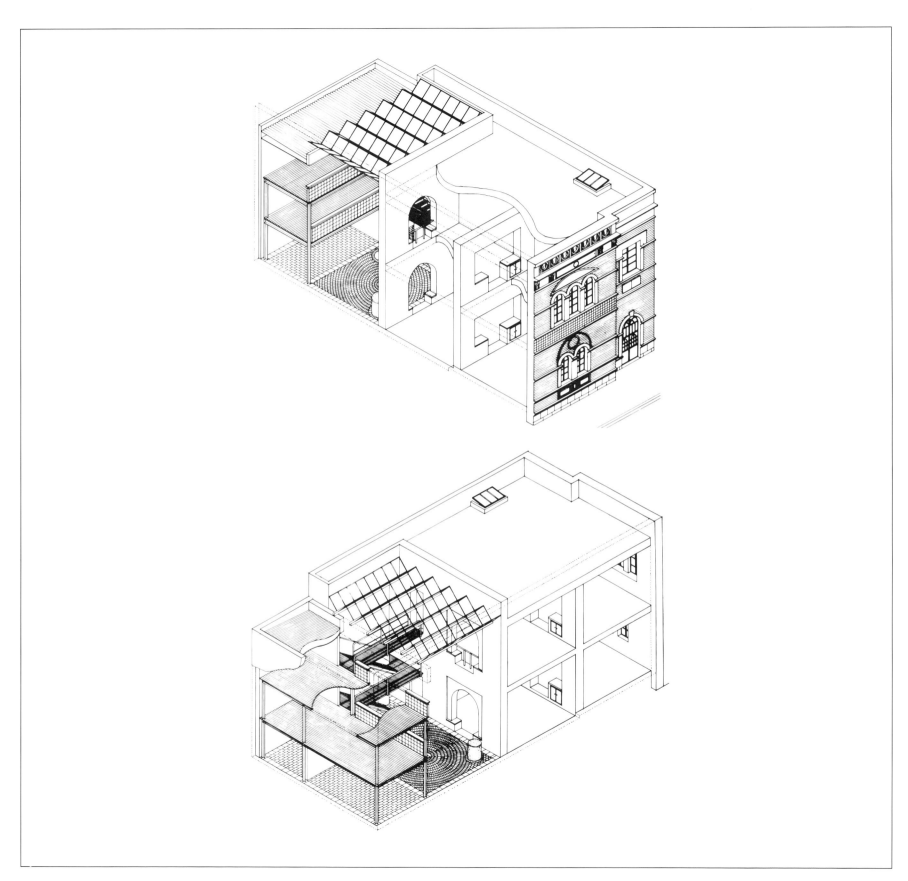

Firma de arquitectos: Sánchez Arquitectos y Asociados, S.C.

Arquitectos: Félix Sánchez Aguilar / Luis Sánchez Renero Rangel / Gustavo López Padilla / Fernando Mota Fernández / Álvaro Díaz Escobedo

# «La Casa del Albaricoque»

## San Miguel de Allende    Guanajuato, 1986

La cultura mexicana es a la vez moderna y antigua, occidental y no occidental; tradición, artesanías e historia son legados culturales legendarios. En suma, la cultura mexicana es rica en valores, identidad e historia: hemos transitado de lo prehispánico a lo colonial, del barroco al neoclásico, hasta los albores industriales y la modernidad, siempre con aportaciones e interpretaciones originales.

Hacer una casa en el casco histórico de San Miguel de Allende a partir de una envolvente colonial, nos permitió explorar algunos conceptos e ideas de diseño referentes a la rehabilitación de edificios; en particular, la reutilización con propósitos habitables del patrimonio no monumental, sino contextual de nuestras ciudades históricas.

Esta pequeña casa es significativa por la apropiación del espacio tradicional (casa-patio) y el diálogo en contrapunto entre lo antiguo y lo moderno, casi con lenguaje posmoderno diríamos.

El espíritu del espacio se percibe claramente enraizado en un sitio cuyo genio local impone sus invariantes: dominio del muro, vanos intercalados, color, ornamento, materiales y procedimientos sencillos, acentuados con algunos elementos de *high tech* para establecer una amalgama de formas, significados y tiempo histórico.

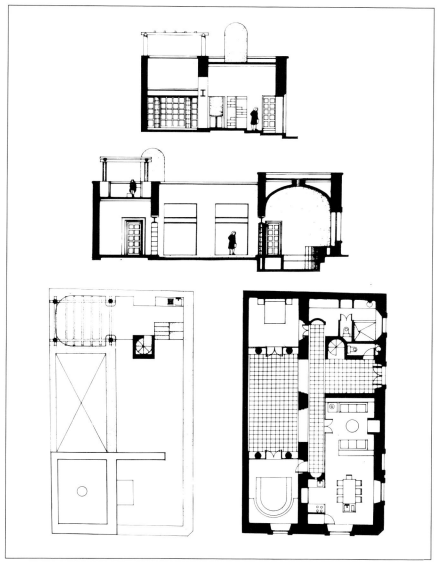

Vista y planta de conjunto

Páginas siguientes: vistas del patio
central, cortes y circulaciones internas

Arquitectos: J. Francisco Serrano/Rafael Mijares

# Universidad Iberoamericana

## México, D.F.    1984-1987

La universidad tiene capacidad para albergar a 10.000 alumnos en
56.000 m², sin crecimiento futuro, el que se da ya a través de
Unidades Foráneas. El plan de estudios es departamental, lo que
implica el uso de los servicios, aulas, biblioteca, etc., por alumnos de
diversas carreras en forma común. Lo anterior dio origen a un edificio
en que la unidad del todo estuviera por encima de la diferencia de las
partes. Esto se enfatizó con el uso de un tabique de diseño especial,
el cual se usó como molde de los elementos de concreto y como
material único, obteniéndose de esta manera una fisonomía propia.

El proyecto arquitectónico está resuelto alrededor de un patio central
en dos niveles, el más alto, el patio académico, al que se entra por el
acceso principal al lado de un montículo que se conformó como
pirámide para evitar su deslave. El patio más bajo es un jardín, y al
centro, uniendo estos dos grandes patios, se desplanta el edificio
central que alberga la Biblioteca, las Oficinas Centrales y la Rectoría.
Entre los dos patios, uniéndolos, se tiene la gran escalinata, foro
abierto, cubierta por una gran pérgola de 28 × 42 m. En el centro del
patio jardín existe otro patio hundido, el de la cafetería, con un
ambiente distinto al resto de los edificios.

El edificio de aulas, de tres niveles con capacidad para 202 aulas, está
concebido con un corredor central con luz y ventilación naturales,
estando desfasadas las aulas del segundo y tercer niveles para poder
lograrlo. Esto permite que el porcentaje del área útil sea el 67 % y el
de circulaciones y sanitarios el 33 %.

El estacionamiento tiene acceso por la avenida principal y la calle al
norte del predio, con capacidad para alojar 2.000 automóviles. De ahí
se entra por cuatro grandes accesos a los patios centrales, logrando
así que todos confluyan al mismo sitio.

El proyecto tiene formas y espacios siempre presentes en nuestra
tradición cultural: la pirámide, los taludes ajardinados y los patios con
patios dentro de los mismos.

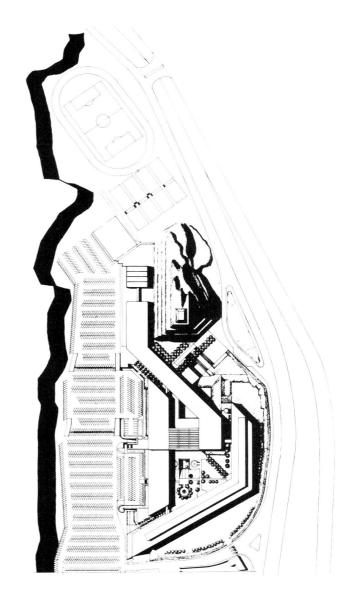

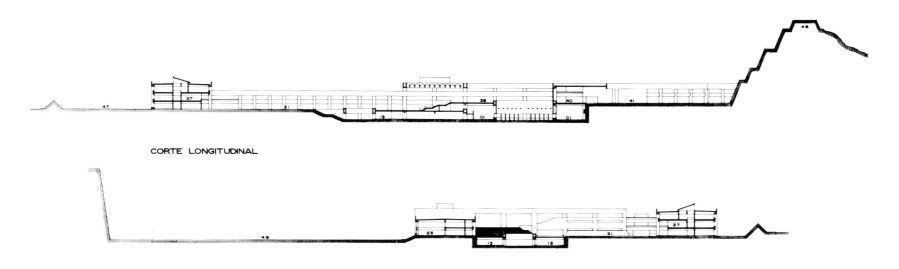

CORTE LONGITUDINAL

CORTE TRANSVERSAL

165

Arquitecto: J. Francisco Serrano Cacho

# Casa-habitación

**México, D.F.    1987-1988**

La casa está resuelta en tres grandes plataformas en desnivel en las que se usaron diversas formas, circulares, triangulares, rectangulares y cilíndricas, articuladas por escaleras contenidas entre muros con techos de cristal.

Un piso abajo del nivel de acceso se encuentra el jardín sobre el nivel principal, logrando así que el total del terreno sea área abierta, estando la mayor parte ajardinada.

En el nivel principal está ubicada la zona de recepción diseñada a la manera tradicional, alrededor de un patio que tiene la particularidad de tener tres formas concéntricas en planta, las columnas forman un octágono, el piso y el vacío forman un círculo y los límites verticales de cristal forman un cuadrado.

La zona de habitaciones, un nivel abajo de la zona de recepción, tiene vista a la barranca.

La fachada posterior, al igual que toda la casa, es de concreto aparente y está desplantada sobre taludes naturales de pasto, teniendo diversas formas que se rematan en un saliente en forma escalonada como cornisa.

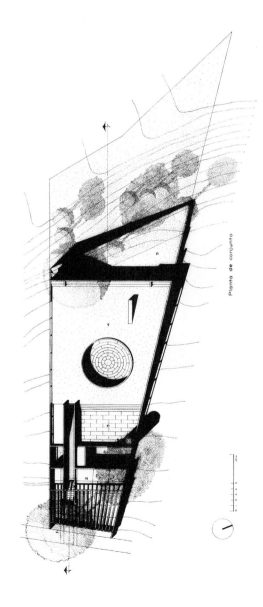

Planta de conjunto

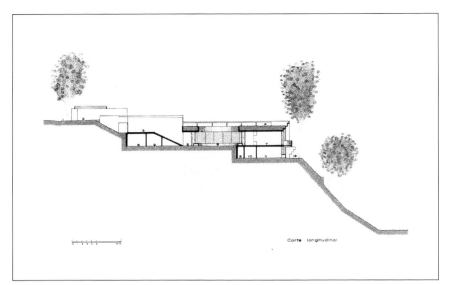

Corte longitudinal

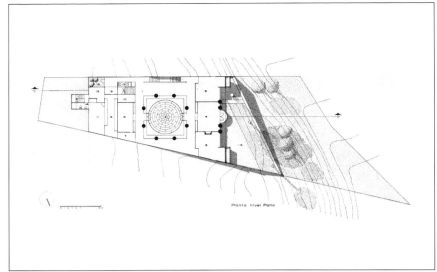

Planta nivel Patio

Vista del conjunto y centro social y planta
de conjunto

Firma de arquitectos: Alejandro Zohn y Asociados

Arquitecto: Alejandro Zohn

Colaboradores: Javier Fernández Alba / Manuel Larrauri

# Unidad Habitacional CTM Atemajac

**Guadalajara, Jalisco    1978-1979**

Este conjunto de 472 viviendas está enclavado en una zona urbana densamente poblada. El contorno del terreno presenta varias irregularidades, por penetración de otras propiedades y tramos de calles. Existía, por otro lado, una franja deprimida de aproximadamente 4,50 m de profundidad al poniente y varias zonas arboladas hacia el centro del predio, elementos que se tomaron como condicionantes del diseño. El tipo de vivienda es unifamiliar y multifamiliar, todas con tres dormitorios.

El conjunto está compuesto a base de pequeños barrios dispuestos alrededor de espacios abiertos, cada uno con fisonomía propia. Se diseñó el tránsito vehicular interior con una serie de «quiebres» para inducir velocidades lentas y para facilitar que el conjunto se perciba como una unidad, sin divisiones marcadas.

Los edificios multifamiliares son de tres y cuatro niveles, a base de muros de carga con exteriores de ladrillo de barro aparente. Las fachadas tienen una serie de variantes dentro del mismo diseño básico para dar un aspecto más ameno y propiciar una mejor identificación de la gente con su vivienda.

Las casas unifamiliares, en frentes de 4,5 m y de 6 m, tienen también algunas variaciones en las fachadas. Sus exteriores están aplanados y pintados con colores de tierras (naranjas, rosas, ocres, etc.), para una mayor armonía con el colorido del ladrillo aparente de los demás edificios.

El Centro Social, ubicado frente a la plaza central, tiene en su planta baja una guardería infantil, aulas, biblioteca y oficinas; la planta alta es un gran espacio de usos múltiples, para fiestas, cine, conferencias, etc.

Vistas del centro social, patio y celosías
de la vivienda en desnivel

Vista general, lucernarios y planta tipo

Páginas siguientes: fachada de ingreso, volumetría exterior, planta baja y planta nivel primero

Firma de arquitectos: Alejandro Zohn y Asociados

Arquitecto: Alejandro Zohn

Colaboradores: José García Tirado / Jesús Rábago /
Alberto Bernal / Susana Flores

# Archivos del Estado de Jalisco

## Guadalajara, Jalisco    1985-1989

La obra se ubica sobre una de las avenidas principales de Ciudad de Guadalajara dentro de una área destinada a edificios públicos del Estado. Tienen dos sótanos para estacionamiento y dos niveles en un volumen «base» donde se desarrollan las actividades que tienen más movimiento y más contacto con el público; este cuerpo tiene al frente un patio hacia el cual da el ingreso principal. El esquema espacial es reminiscente del que tienen los edificios públicos de la ciudad que datan desde la época colonial. El patio, con corredores periféricos en ambos niveles, sirve de zona de distribución, de espera y de iluminación, y va muy bien con el clima de la localidad.

Encima se eleva una torre de siete niveles que contiene los acervos y oficinas de los diferentes archivos, todos los cuales son independientes, pero con la posibilidad de gozar de una serie de facilidades comunes.

Con objeto de evitar un volumen pesado se dividió la torre en un «enjambre de torrecitas», separadas por angostas franjas verticales de ventanas. Estas últimas obedecen al requerimiento de las áreas de acervo, donde sólo debe haber un mínimo de luz directa, ya que ésta contribuye al deterioro de los papeles. Así, las ventanas sirven meramente para tener una iluminación básica, en caso de fallas, para quitar la sensación de enclaustramiento.

En la esquina nordeste (hacia la derecha del ingreso) está el núcleo cultural, que tiene salas de conferencias abajo y un pequeño auditorio arriba. Puede funcionar ligado al resto del edificio o segregarse con rejas, utilizando entonces una entrada independiente por la calle lateral.

En planta baja está la recepción del Registro Civil; en el segundo nivel, el Registro de la Propiedad y del Comercio. El resto de los archivos están ordenados hacia arriba en orden descendente de afluencia del público: Instrumentos Públicos (Notarías), Histórico, Judicial, Legislativo, Educación, Obras Públicas y Contaduría.

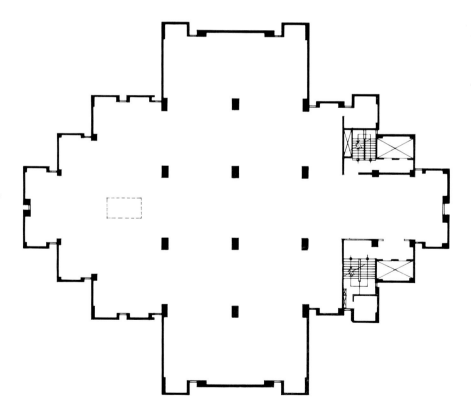

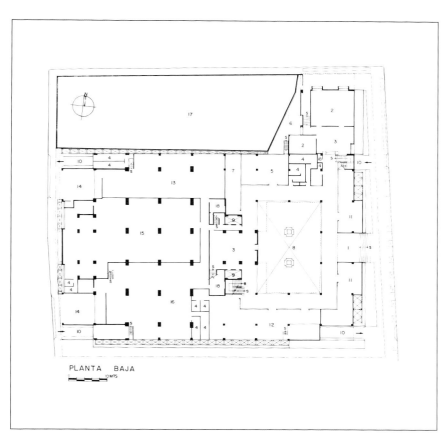

PLANTA BAJA

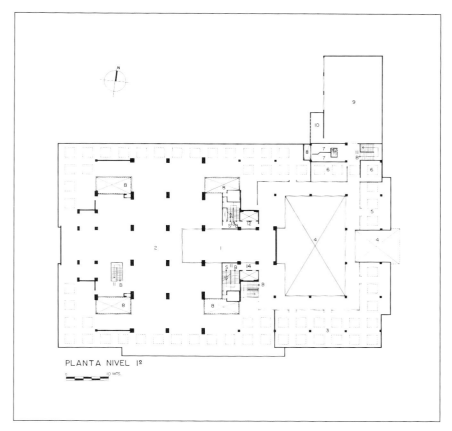

PLANTA NIVEL I°

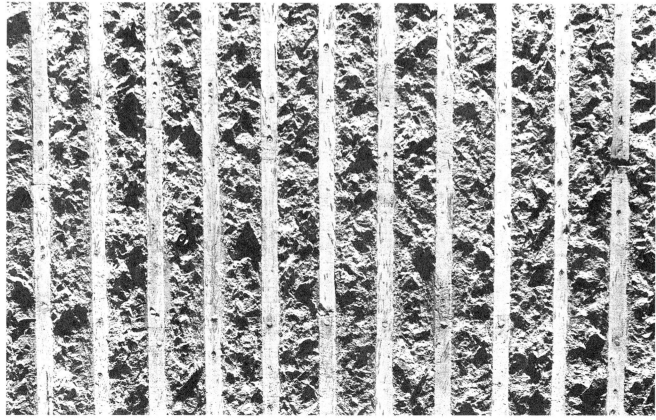

# Biografías

### Salvador de Alba Martín

Nació en Lagos de Moreno, Jalisco, el 16 de enero de 1926. Hizo su carrera en la Escuela Nacional de Arquitectura de la Universidad Autónoma de México (1946-1950); Maestro de diseño en la Escuela de Arquitectura de la Universidad de Guadalajara (1958-1963) y en la Escuela de Arquitectura del ITESO (1968-1982); Director de la Escuela de Arquitectura de la Universidad de Guadalajara (1962-1963) y de la Escuela de Arquitectura del ITESO (1972-1978).

Distinciones: Diploma trienal de Milán 1960, Premio bienal de São Paulo 1961, Premio de arquitectura «Jalisco 1962», Premio diseño del Colegio de Arquitectos de Jalisco 1987.

Cargos: Jefatura Zona CAPFCE (1954-1965), Gerente región occidente CAPFCE (1965-1968), Presidente AR-QUITAC, A.C. (1955-1957), Presidente Colegio de Arquitectos de Jalisco (1970-1974). Nombrado Académico emérito de la Academia Nacional de Arquitectura (1982).

### Salvador de Alba Martínez

Nació en Guadalajara, Jalisco, el 26 de octubre de 1955. Hizo sus estudios en la Escuela de Arquitectura del ITESO (1973-1978) y su examen profesional en octubre de 1980. Maestría en diseño urbano por el Oxford Polytechnic de Inglaterra (1981-1982). Maestro en diseño superior y dibujo de la Universidad del ITESO (1980-1981). Programa de estudios urbanos y Maestría en diseño urbano en la Universidad de ITESO (1983-1984).

Distinciones: Miembro del equipo ganador del XIII Congreso Internacional de Arquitectos de la Unión Internacional de Arquitectos (primer premio UNESCO 1978).

### Antonio Attolini Lack

Nació en Ciudad de México el 24 de abril de 1931.

Hizo sus estudios profesionales en la Escuela Nacional de Arquitectura de la UNAM, recibiendo el título de Arquitecto el 14 de diciembre de 1956. De entonces a la fecha ha proyectado y construido un sinúmero de obras, entre las que podemos mencionar:

Casas-habitación (más de 140), edificios de oficinas, locales y tiendas comerciales, ranchos, edificios religiosos (capillas, iglesias y monasterios), etcétera.

Ha sido Maestro de diseño en la Escuela Nacional de Arquitectura de 1955 a 1963 y de 1985 a la fecha.

### José Luis Benlliure Galán

Nació en Madrid en 1928. Estudia la carrera en la Escuela Nacional de Arquitectura, hoy Facultad de Arquitectura de la Universidad Nacional Autónoma de México, donde se titula en 1955, luego de obtener mención honorífica en el proyecto válido para el examen de grado. Antes de concluir dichos estudios, ha estudiado un año en la Escuela Técnica Superior de Arquitectura de Madrid y se le concede el correspondiente título de arquitecto (sección de Urbanismo). Desde 1956 es profesor de la citada facultad y anterior escuela.

En la Universidad Autónoma Metropolitana, Unidad Azcapotzalco, es miembro del Departamento de Investigación de la División de Ciencias y Artes para el Diseño y también es profesor titular.

Se han publicado escritos suyos relacionados con la arquitectura y algunos específicamente dedicados a su enseñanza. Asimismo, ha sido invitado a tratar estos temas en varias universidades mexicanas.

**Óscar Bulnes Valero**

Nació en San Luis Potosí el 23 de mayo de 1944. Arquitecto por la Universidad Autónoma de Nuevo León (1968).

Distinciones: Académico de número de la Academia Nacional de Arquitectura (1984), Catedrático del ITESM (1976-1982), de la UANL (1986 a la fecha) y de la Universidad de Cincinnati (1988). Conferencias en diferentes universidades del país y el extranjero, y obras en diversas publicaciones.

Premios: Edificio apartamentos (1981), Casa-habitación (1982), Teatro de la Ciudad (1985), Edificio Brenell (1987), Edificio INFONAVIT (1987-1988).

Actividad profesional: Director fundador del 103 Grupo de Diseño. 20 años de ejercicio profesional. Diseño y construcción de casas habitación, edificios públicos, deportivos, comerciales, industriales, educativos, de investigación y habitacionales. 200 conjuntos aproximadamente.

**Carlos Caballero Lazzeri**

Nació en Puebla, Puebla, el 2 de noviembre de 1949.

Arquitecto graduado en 1971 por la Universidad Veracruzana.

1971: Concurso del Centro Cultural de París.

1972-1973: Jefe de proyectos de la Dirección de Turismo, FONAPE.

1973: Tercer lugar del Concurso de casa en alta pendiente, Auris.

1974: Decorador del Club Mediterráneo, en Malabata (Marruecos).

1975-1976: Planes regulares para INDECO, Cecyt de México.

1977-1978: Taller de arquitectura, Orizaba (Veracruz).

1981-1988: Profesor de Arquitectura de la Universidad Veracruzana.

1987-1988: Profesor del ITESM.

1986: Primer premio del Salón Nacional de Arquitectura de la Nueva Generación, Instituto Nacional de Bellas Artes.

**Jorge Calvillo Unna**

Arquitecto egresado de la UIA en 1974. Colaborador en la coordinación general del Plan director para el desarrollo urbano de México, D.F. (1975-1976). Investigador de sistemas de vivienda de interés social, INFONAVIT (1974-1975). Profesor de Diseño urbano y Arquitectura de paisaje.

Pertenece al Grupo de Diseño Urbano.

**Fernando Cárdenas González**

Nació en Ciudad de México en 1956. Arquitecto por la Universidad La Salle (1975-1980).

Mención honorífica en 1981.

Profesor de Diseño arquitectónico en la Universidad La Salle (1980-1987). Socio fundador del despacho Gutiérrez Cortina Arquitectos, S.C. en 1983. Miembro del Colegio de Arquitectos de México.

Miembro de la Sociedad de Arquitectos Mexicanos.

**Benjamín Félix Chapman**

Nació en Navojoa, Sonora, el 25 de agosto de 1925. Arquitecto por la Universidad Autónoma de Nuevo León (1973).

Catedrático de Arte A.C. (1985 a la fecha) e ISCAM (1986).

Conferenciante en varias universidades de Monterrey.

Premios: Teatro de la Ciudad (1985) y Casa-habitación (1985).

Actividad profesional: Director fundador del 103 Grupo de Diseño.

Diseño y construcción de casas-habitación, edificios públicos, deportivos, comerciales e industriales.

**Álvaro Díaz Escobedo**

Cursó su carrera en la Universidad Iberoamericana, en la Escuela de Diseño Arquitectónico y Urbano (1971-1976).

En 1972 ingresa al despacho de los arquitectos Luis Sánchez Renero, Félix Sánchez Aguilar y Manuel Lascuráin.

En 1973 se funda la firma Sánchez Arquitectos y Asociados, S.C. y colabora con el despacho en diferentes trabajos y actividades.

En 1978 inicia su actividad como ejecutivo de proyecto y desarrollo arquitectónico.

En 1982 ingresa como socio a la firma Sánchez Arquitectos y Asociados, S.C.

**Teodoro González de León**

Nació en Ciudad de México el 29 de mayo de 1926.

Estudios profesionales: Escuela Nacional de Arquitectura (1942-1947), tesis profesional con mención honorífica. Becado del Gobierno de Francia, trabajó en el taller de Le Corbusier, fue residente en la Unidad Habitacional de Marsella y encargado del edificio de manufacturas en Saint Die, Francia (1948-1949).

Instituciones a las que pertenece: Académico emérito de la Academia Nacional de Arquitectura de la Sociedad de Arquitectos Mexicanos, A.C. (1978). Honorary Fellow del American Institute of Architects (1983). Miembro de número de la Academia de Artes (1984). Distinciones: Premio Nacional de Ciencias y Artes en Bellas Artes (1982).

**Fernando González Gortázar**

Nació en la ciudad de México en octubre de 1942, y desde 1946 vive en Guadalajara. Estudió arquitectura en la Universidad de Guadalajara, en la que obtuvo su Título Profesional en 1966. Entre 1967 y 1968 vivió en París; estudió «Estética» con Pierre Francastel en la Escuela Superior de Arte y Arqueología y «Sociología del Arte» con Jean Cassou en El Colegio de Francia. Ha sido maestro en la Universidad de Guadalajara y el Instituto Tecnológico y de Estudios Superiores de Occidente (ITESO), y maestro huésped en las Universidades de Coahuila, Colima, Baja California, Aguascalientes, Oaxaca, Chianas, la Universidad Nacional Autónoma de México (UNAM), y el Instituto Mexicano del Cemento y el Concreto, así como en el Politécnico de Oxford, Inglaterra (1982), el Centro Pompidou de París (1981), y la Universidad de Asilah, Marruecos (1986). Ha realizado cinco exposiciones individuales de su obra, y participado en numerosas colectivas en varios países.

**Rolando González Torres**

Nació en Monterrey, Nuevo León, el 28 de agosto de 1958.

Arquitecto por el Instituto Tecnológico y de Estudios Superiores de Monterrey (1981). Catedrático de la Universidad Mexicana del Noroeste y Arte, A.C., en Monterrey.

Actividad profesional: Miembro del 103 Grupo de Diseño.

Participación en proyectos de grupos: Teatro de la Ciudad, Gran Plaza, Secretaría de Educación, Palacio Legislativo, Edificio INFONAVIT, Proyecto TEC Siglo XXI, Concurso Plaza de la Solidaridad, México, D.F. (2do. lugar), Concurso Centro de Artes Indira Gandhi, Nueva Delhi (India).

**Emilio Guerrero y Ramos**

Nació en Ciudad de México en 1938. Universidad Nacional Autónoma de México (1958-1966).

Despacho Legorreta Arquitectos (1964-1987).

Gutiérrez Cortina Arquitectos, S.C. (1987-1988).

Profesor adjunto de Diseño básico en la Facultad de Arquitectura, UNAM (1972-1975).

Forma parte de Gutiérrez Cortina Arquitectos, S.C.

**Bosco Gutiérrez Cortina**

Nació en Ciudad de México en 1957. Universidad Iberoamericana (1976-1980).

Mención honorífica y especial (1982). Gerente de proyectos en Legorreta Arquitectos (1979-1982).

Fundador del despacho Gutiérrez Cortina Arquitectos, S.C. (1983).

**Agustín Hernández Navarro**

Estudió Arquitectura en la Escuela Nacional de Arquitectura de la Universidad Nacional Autónoma de México, obteniendo en 1954 una mención honorífica de Licenciatura. Profesor titular de Proyectos y director del Taller N.° 8 de la ENA-UNAM de 1957 a 1968. Ha sido también jefe del Taller de Proyectos del Comité Administrador del Programa Federal para la Construcción de Escuelas (CAPFCE).

Miembro de la Sociedad de Arquitectos Mexicanos (SAM) y del Colegio de Arquitectos de México (CAM) desde 1964. Miembro académico desde 1977 y vicepresidente de la Academia Mexicana de Arquitectos de 1979 a 1980. Entre los numerosos premios recibidos destacan el «Jardín de la Paz» (ENA, 1963), de la Asociación de Industriales del Estado de México (1965) y del Pabellón de México para la Expo'80 en Osaka (Japón, 1979). Ha sido galardonado asimismo con el diploma y la medalla de bronce de la III Bienal de Sofía y con el L Premio Internacional «Dom» de Colonia (1980).

**Felipe de Jesús Icaza Gómez**

Nació en Ciudad de México el 22 de junio de 1957.

Realizó sus estudios profesionales en la Universidad Autónoma Metropolitana, Unidad Azcapotzalco (1975-1979). Ha trabajado en la oficina de Ricardo Legorreta (1980-1982) y en la de J. Francisco Serrano (1982-1984), y de forma independiente de 1985 a 1986.

Actualmente labora en la oficina de Diego Villaseñor desde 1987.

**Ricardo Legorreta Vilchis**

Nació en Ciudad de México en mayo de 1931. Título de Arquitecto por la Universidad Nacional Autónoma de México (1953).

Socio del arquitecto José Villagrán de 1955 a 1960.

Miembro de la Sociedad y del Colegio de Arquitectos de México, del Consejo del Museum of Modern Art de Nueva York y del American Institute of Architects.

Premio en el concurso para la sede del Banco de México en 1981.

Práctica profesional desde 1960 en Legorreta Arquitectos (México, D.F., y Los Ángeles).

**Bernardo Lira Gómez**

Nació en Ciudad de México el 29 de diciembre de 1949.

Título de Arquitecto por la Universidad Autónoma de Nuevo León (1972).

Actividad profesional: Miembro fundador del 103 Grupo de Diseño. Participación en proyectos de grupo: Teatro de la Ciudad, Gran Plaza, Secretaría de Educación, Palacio Legislativo, Edificio INFONAVIT, Centro de Tecnología Avanzada ITESM, Centro de Cómputo Grupo IMSA, Planta industrial PRIMSA, Concurso de Plaza de la Solidaridad, México, D.F., 2do. lugar del Concurso Centro de Artes Indira Gandhi, Nueva Delhi (India), y Edificio Brenell (Premiado por la Bienal de Arquitectura).

**Fernando López Martínez**

Nació en Monterrey, Nuevo León, el 3 de junio de 1960.

Título de Arquitecto por la Universidad Autónoma de Nuevo León (1982).

Actividad profesional: Jefe de proyectos y construcción de obras públicas, Garza García, Nuevo León (1980-1982). Miembro fundador del 103 Grupo de Diseño.

Participación en proyectos de grupo: Teatro de la Ciudad, Gran Plaza, Secretaría de Educación, Palacio Legislativo, Edificio INFONAVIT, Gimnasio Irlandés, Centro de Tecnología Avanzada ITESM, Centro de Cómputo Grupo IMSA, Planta industrial PRIMSA, Concurso de Plaza de la Solidaridad, México, D.F., 2do. lugar del Concurso Centro de Artes Indira Gandhi, Nueva Delhi (India).

### Gustavo López Padilla

Cursó su carrera en la Escuela Nacional de Arquitectura, UNAM, recibiéndose en 1972. Miembro del Colegio de Arquitectos de México y de la Sociedad de Arquitectos Mexicanos.

Desde 1973 ha estado trabajando en proyectos de gran escala de vivienda, hotelería, supervisión y dirección de obra.

Participa en diferentes grupos sociales y actividades relacionadas con su hacer profesional, interesado en la enseñanza de la arquitectura, con particular énfasis en la teoría arquitectónica.

Forma parte de Sánchez Arquitectos y Asociados, S.C.

### Marco Mattar Márquez

Nació en Ciudad de México en 1956. Estudió la carrera de Arquitectura en la Universidad Autónoma Metropolitana (1975-1980).

Desde el inicio de su actividad profesional ha colaborado con Alejandro de la Mora en el diseño de numerosos proyectos, en los cuales ha manifestado el interés y la intención de ofrecer alternativas y criterios de diseño en beneficio de obtener adecuadas soluciones para los espacios.

Entre los proyectos en los que ha colaborado se pueden mencionar hoteles, villas vacacionales, casas y hospitales.

### Nobuo Mizutani Mori

Nació en Ciudad de Nagoya, Japón, en 1955.

Se estableció en Ciudad de México en 1970.

Se gradúa como Arquitecto en la Universidad Iberoamericana de Ciudad de México en 1980.

1976-1984: Trabaja en diversos despachos de arquitectura en Ciudad de México.

1984 a la fecha: Actividad profesional independiente, desarrollando centros turísticos y proyectos varios.

### Alejandro de la Mora y Askinasy

Nació en Ciudad de México en 1946. Es egresado de la Facultad de Arquitectura de la UNAM y pertenece a la generación 1967-1972.

Ha continuado con la labor iniciada por su padre, el Arq. Enrique de la Mora y Palomar, en el diseño de espacios y formas que han sido el resultado del proyecto arquitectónico manejado desde su concepto hasta el detalle.

Sus proyectos realizados reúnen alrededor de cien obras, en su mayoría de casas-habitación. Para otras empresas ha proyectado otro tipo de obras, entre las que destacan hoteles, villas vacacionales y hospitales.

**Fernando Mota Fernández**

Cursó su carrera en la Escuela Nacional de Arquitectura, UNAM, recibiéndose en 1972. Miembro del Colegio de Arquitectos de México y de la Sociedad de Arquitectos Mexicanos.

Desde 1973 ha estado trabajando en proyectos de gran escala de vivienda, hotelería, arquitectura de paisaje y diseño urbano.

Forma parte de Sánchez Arquitectos y Asociados, S.C.

**Enrique Murillo**

Nació el 4 de febrero de 1933.
Estudios profesionales: Escuela Nacional de Arquitectura de la UNAM (1952-1957). Docencia: Maestro de diseño y teoría de la arquitectura en la Facultad de Arquitectura de la Universidad Veracruzana (desde 1974).

Distinciones: Homenaje de reconocimiento del Gobierno del Estado de Veracruz (1988). Académico de número de la Academia Nacional de Arquitectura (1988). Primer premio de la Bienal de Arquitectura de México (1990).

**Manuel Peniche Osorio**

Arquitecto egresado en la UIA en 1976. Diploma en Teoría de la arquitectura por la UIA (1978) y en Planeación urbana por la Southern California University, Auris (1980).

Jefe de la oficina de evaluación social del diseño, promoción social, INFONAVIT (1976-1978).

Forma parte del Grupo de Diseño Urbano.

**José Luis Pérez Maldonado**

Arquitecto egresado de la UNAM en 1972. Diploma de Arquitectura de paisaje por la UNAM (1973).

Participación en el diseño arquitectónico y paisaje de los conjuntos habitacionales de El Rosario II, INFONAVIT; Villahermosa, Tabasco, y Villa Copilco, México, D.F. FOVISSTE, (1974-1976).

Consejero técnico y alumno de la ENA/UNAM (1970-1972), y profesor de proyectos y construcción de la ENA (Autogobierno) (1972-1977).

Pertenece al Grupo de Diseño Urbano.

**Alejandro Rivadeneyra Herrera**

Nació en Ciudad de México el 13 de julio de 1952.

Estudios profesionales: Universidad Iberoamericana, México, D.F. (1970-1975).

Examen profesional: 13 de mayo de 1977.

Distinciones: Carta de felicitación por el trabajo presentado como tesis profesional. Premio Nacional de Diseño para la Exportación (14 de octubre de 1976).

**Fausto Rodríguez Manzo**

Nació en Ciudad de México en 1955. Se gradúa como arquitecto por la Universidad Autónoma Metropolitana, Unidad Azcapotzalco de Ciudad de México en 1979.

1979-1985: Trabaja en diversos despachos de arquitectos en Ciudad de México.

1983 a la fecha: Profesor e investigador de medio tiempo en la Universidad Autónoma Metropolitana y Azcapotzalco, Ciudad de México.

1985 a la fecha: Actividad profesional independiente.

**Carlos Ruiz Acosta**

Nació en Culiacán, Sinaloa, en 1944. Licenciatura en Arquitectura, Universidad Nacional Autónoma de México, egresado en 1973.

Actividad profesional: Director asociado de Grupo Diseño, S.C. (1978-1986), empresa de diseño urbano y arquitectónico.

Vicepresidente de la compañía Grupo Construcción del Norte, S.A. de C.V. (1979-1986).

Cargos: Director general de la Dirección de Investigación y Fomento de Cultura Regional del Gobierno del Estado de Sinaloa (a partir de 1987).

Publicaciones: Edificio central del Club Deportivo Chapultepec en Culiacán, Sinaloa, en el libro *Arquitectura en México* (editor Maya-Palacios, 1982).

**Félix Sánchez Aguilar**

Cursó su carrera en la Escuela Nacional de Arquitectura, UNAM, recibiéndose en 1968 con Medalla de Oro y Mención honorífica.

Cursó estudios de posgrado en Planificación urbana y en Arquitectura (1971-1973) en la Universidad de Pennsylvania.

Miembro de la Sociedad Mexicana de Planificación del Colegio de Arquitectos de México y la Sociedad de Arquitectos Mexicanos.

Desde 1969 ha estado trabajando en proyectos de gran escala de vivienda, diseño urbano y planificación urbana. Participa en diferentes grupos sociales y actividades relacionadas con su hacer profesional, interesado particularmente en la difusión y crítica del entorno.

Forma parte de Sánchez Arquitectos y Asociados, S.C.

**Luis Sánchez Renero Rangel**

Cursó su carrera en la Escuela Nacional de Arquitectura, UNAM, recibiéndose en 1968 con mención honorífica.
Miembro de la Sociedad Mexicana de Planificación del Colegio de Arquitectos de México y de la Sociedad de Arquitectos Mexicanos.
Desde 1969 ha estado trabajando en proyectos de gran escala de vivienda, turismo y de servicios, así como en soluciones de arquitectura regional.
Pertenece a Sánchez Arquitectos y Asociados, S.C.

**Mario Schjetnan Garduño**

Arquitecto egresado de la UNAM en 1967. Maestría de Diseño urbano y Arquitectura de paisaje en la Universidad de California, Berkeley, 1970.
Jefe de proyectos urbanos y vivienda de INFONAVIT (1972-1976). Ex-presidente de la Sociedad de Arquitectos Paisajistas de México, A.C. Co-director de la revista *Entorno*.
Forma parte del Grupo de Diseño Urbano.

**J. Francisco Serrano Cacho**

Nació en Ciudad de México en 1937. Hizo sus estudios profesionales en la Universidad Iberoamericana (1955-1959), con mensión honorífica.
Profesor de la Universidad Iberoamericana, la Universidad La Salle y la UNAM. Representante de México en el Encuentro de Jóvenes Arquitectos celebrado en México, D.F., dentro del programa cultural de la XIX Olimpiada. Miembro académico de la Sociedad de Arquitectos de México, del Colegio de Arquitectos de México y de la Sociedad de Arquitectos de la UIA.

**Alejandro Zohn**

Nació en 1930 y radica en Guadalajara, Jalisco.
Ingeniero Civil y Arquitecto por la Universidad de Guadalajara. Académico emérito de la Academia Nacional de Arquitectura.
Ha realizado Planes generales urbanos para Puerto Vallarta y de Ocotlán, así como el Mejoramiento vial y visual del Centro de Tlaquepaque.
Es profesor en la Universidad de Guadalajara y entre sus distinciones se cuenta la insignia «José Clemente Orozco» (premio Jalisco 1957), el Premio «Jalisco a sus Arquitectos Distinguidos» (1964), III Bienal Nacional de Escultura del Instituto Nacional de Bellas Artes (1967), Sociedad de Ingenieros y Arquitectos de Guadalajara, A. C. (1968, 1972, 1974, 1985 y 1988), Primero y Segundo Concursos Nacionales de Vivienda de FONHAPO (1985 y 1987), y Premio Anual de Arquitectura Jalisco (1986), con distinción en Diseño Arquitectónico.

# Bibliografía

Anda, E. del: *Evolución de la arquitectura en México,* Panorama Editorial, México, D.F., 1988.

Arai, A.: *Filosofía de la arquitectura,* Editorial Construcción, México, D.F., 1944.

Bamford Smith, Clive: *Builders in the Sun. Five Mexican Architects,* Architectural Books, Nueva York, 1967.

Beacham, H.: *The Architecture of Mexico,* Architectural Books, Nueva York, 1969.

Born, Esther: *The New Architecture in Mexico,* William Morrow, Nueva York, 1937.

Cervantes, L.: *Crónica arquitectónica: prehispánica, colonial, contemporánea,* CIMSA, México, D.F., 1952.

Cetto, Max: *Modern Architecture in Mexico,* Praeger, Nueva York, 1961.

Figueroa, Aníbal: *El arte de ver con inocencia. Pláticas con Luis Barragán,* UAM, México, D.F., 1989.

Gómez Mayorga, M.: *Ensayos críticos de arquitectura,* Universidad Autónoma de Guadalajara, 1977.

González de León, Teodoro: *Obras y proyectos: arquitectura contemporánea mexicana,* Central de Publicaciones, México, D.F., 1970.

González de León, Teodoro: *De ideas y de obras,* Espejo de Obsidiana Ediciones, México, D.F., 1987.

Heyer, P.: *Mexican Architecture,* Walker, Nueva York, 1978.

Instituto Nacional de Bellas Artes: *Apuntes para la historia y la crítica de la arquitectura mexicana en el siglo XX,* cuadernos números 3, 18-19, 20,-21, 22-23, 24-25, 26-27, 28-29, 30-31, Dirección de Arquitectura, México, D.F., 1982-1986.

Katzman, Israel: *Arquitectura contemporánea mexicana,* Instituto Nacional de Antropología e Historia, México, D.F., 1963.

López Rangel, Rafael: *Contribución a la visión crítica de la arquitectura,* Universidad Autónoma de Puebla, Puebla, 1977.

López Rangel, Rafael: *Orígenes de la arquitectura técnica en México,* Universidad Autónoma Metropolitana, México, D.F., 1984.

López Rangel, Rafael: *La obra de Enrique Yáñez,* Limusa-Wiley, S.A., México, D.F., 1989.

Moral, Enrique del: *Tradición versus Modernidad,* s.e., México, D.F., 1954.

Moral, Enrique del: *Ensayos sobre el estilo y la integración plástica,* Instituto Nacional de Bellas Artes, México, D.F., 1964.

Moral, Enrique del: *El hombre y la arquitectura,* UNAM, México, D.F., 1985.

Myers, Elijah E.: *Mexico's Modern Architecture,* Cornwall, Nueva York, 1952.

Obregón Santacilia, C.: *50 años de arquitectura en México*, Editorial Patria, México, D.F., 1952.

Pinoncelly, S.: *La crítica de la arquitectura contemporánea,* s.e., México, D.F., 1964.

Pinoncelly, S.: *La obra de Enrique del Moral*, UNAM, México, D.F., 1986.

Ramírez Vázquez, Pedro: *Charlas,* UNAM / Editorial Gernika, México, D.F., 1987.

Rodríguez Prampolini, I.: *La palabra de Juan O'Gozman*, UNAM, México, D.F., 1983.

Rossell, G.: *Guía de la arquitectura mexicana contemporánea,* Editorial Espacios, México, D.F., 1952.

Sociedad de Arquitectos Mexicanos: *Pláticas sobre arquitectura*, Editorial Lumen, México, D.F., 1934.

Sociedad de Arquitectos Mexicanos: *4.000 años de arquitectura mexicana*, Libreros Mexicanos Unidos, México, D.F., 1956.

Southern California Institute of Architecture: *Modern Architecture: Mexico,* Santa Mónica (California), 1981.

Suzuki, M.: «Modern Mexican Architecture», en *Process Architecture,* n.º 39, Tokio, 1983.

Toca Fernández, Antonio (ed.): *Arquitectura contemporánea en México*; *1900-1982*, UAM / Editorial Gernika, México, D.F., 1989.

Vargas Salguero, R.: «José Villagrán», en *INBA. Documentos para la Historia de la Arquitectura en México,* n.º 2, México, D.F., 1987.

Villagrán García, José: *Panorama de 50 años de arquitectura en México*, Instituto Nacional de Bellas Artes, México, D.F., 1952.

Villagrán García, José: *El problema mayor de la arquitectura,* El Colegio Nacional, México, D.F., 1974.

Villagrán García, José: *Interpretación actual de los principios de la arquitectura,* Instituto Nacional de Bellas Artes, Dirección de Arquitectura, México, D.F., 1978 (Conferencia de 1954).

Yáñez, Enrique: *Arquitectura: Teoría, diseño, contexto*, Litográfica México, México, D.F., 1983.

# Fotógrafos

José Arce
Carlos Caballero
Gloria Castorena
Paul Czitrom y Gilberto Chen
Aníbal Figueroa
Sergio Hernández
Pedro Hiriart
Felipe Icaza
Imagen Coordinada, México/M. Centeno,
  P. Labastida y O. Necoechea
Lourdes Legorreta
Marcos Mattar
Nobuo Mizutani
Alberto Moreno
Nadine Narkova
Fausto Rodríguez
Jorge Sandoval
Sebastián Zaldivar